全国中等职业院校航空服务类专业系列教材

民航基础知识

主　编　吕松涛

副主编　刘　军

中国民航出版社

图书在版编目（CIP）数据

民航基础知识 / 吕松涛主编. —北京：中国民航出版社，
2019.6
ISBN 978-7-5128-0698-6

Ⅰ.①中… Ⅱ.①吕… Ⅲ.①民航运输 - 中等专业学
校 - 教材 Ⅳ.① F56

中国版本图书馆 CIP 数据核字（2019）第 127511 号

民航基础知识

吕松涛　主编

责任编辑	杨玉芹
出　　版	中国民航出版社（010）64279457
地　　址	北京市朝阳区光熙门北里甲 31 号楼（100028）
排　　版	中国民航出版社录排部
印　　刷	北京博海升彩色印刷有限公司
发　　行	中国民航出版社（010）64297307　64290477
开　　本	787×1092　1/16
印　　张	9.5
字　　数	220 千字
版 印 次	2019 年 8 月第 1 版　2019 年 8 月第 1 次印刷

书　　号	ISBN 978-7-5128-0698-6
定　　价	39.90 元

官方微博	http://weibo.com/phcaac
淘宝网店	https://shop142257812.taobao.com
电子邮箱	phcaac@sina.com

全国中等职业院校空中乘务专业系列教材
企业专家指导委员会名单

吕松涛（北京翔宇通用航空集团董事长）

张玉香（中国国际航空公司原主任乘务长、翔宇航空学院高级顾问、翔宇航空技工学校高级顾问）

崔金生（民航华北地区管理局飞标处原副处长、北京翔宇通用航空有限公司高级顾问）

宋伍满（中国民用航空北京安全监督管理局飞标处原处长、翔宇航空学院高级顾问、翔宇航空技工学校高级顾问）

刘卫国（民航华北地区管理局原人劳处处长）

刘　韧（北京南苑机场安检站副站长）

林卫东（桂林两江国际机场安检站副站长）

李建宗（中国国际航空公司地服部原指挥长）

曹金命（北京首都国际机场原安检站培训主管、安检鉴定专家，翔宇航空学院高级顾问、翔宇航空技工学校高级顾问）

许　平（中国国际航空公司原主任乘务长、翔宇航空学院高级顾问、翔宇航空技工学校高级顾问）

张根立（陆军航空兵学院飞行训练基地原主任、陆军航空兵学院原副院长、北京翔宇通用航空有限公司总经理）

霍海亮（空军第四飞行学院飞机发动机专业原主任、副大队长，海南航空学校有限责任公司原维修工程部总经理，北京航盾飞机维修有限公司总经理）

彭　辉（北京飞机维修有限公司原高级工程师、北京航盾飞机维修有限公司副总经理）

本书编写组

主　编：吕松涛

副主编：刘　军

编写组成员：（按姓氏笔画排序）

史红梅　冯子君　张火星　张博贤

范文婧　赵　洋　梁修涛　葛　妍

序　言

　　本系列教材是为了适应当前我国民用航空业的快速发展需要，响应国家教育部门关于办好职业教育的伟大号召，更好地培养民用航空优秀人才而编写的。在各种交通运输方式中，民航业有其鲜明的行业特点，集中体现高端的科学技术水平，具有国际化和跨地域经营的特点。这就要求从业人员具有较高的职业素养和专业水平。伴随着中国民航的高质量发展，行业发展对民航人才的要求越来越高，这就更加要求民航从业者要努力学习业务知识，提高自身业务能力，才能在航空服务的激烈竞争中立于不败之地。

　　在本系列教材在编写过程中坚持教育与行业需求紧密结合的正确理念，在内容的设计和编排上紧密贴合出岗位需求。本系列教材的作者是由航空公司资深乘务专家和高等院校多年从事教育工作、经验丰富的教师合作完成，体现了教育改革的创新理念，更具有科学性、创新性和实用性。编者在总结教学实践经验的同时又做了大量的调研工作，并结合中等职业院校教学的规律和学生的特点，对知识进行了整合，既有理论又有实操，而且更加注重学生技能的训练。

　　本系列教材包括《民航基础知识》、《中国航空旅游地理》、《民航服务礼仪基础》和《民航服务英语口语》等，均侧重于理论知识的学习，重点培养学生的专业能力。本系列教材的编写和出版，得到了北京翔宇通用航空集团、翔宇学院以及廊坊市翔宇航空技工学校各方面的大力支持与帮助，在此表示感谢。

　　由于时间紧、任务重，编者水平有限书中难免有不足之处，欢迎广大读者和专家的批评指正。

“全国中等职业院校航空服务类专业系列教材”编写委员会

2019 年 6 月

前　言

　　民航基础知识课程是民航类院校相关专业的必修基础课程。作为学习民航知识的入门教材，本书是专门为满足民航职业学校学生的需要而编写的。本教材吸收了民航基础理论与实践的新成果，根据实际工作岗位对从业人员必备专业知识与技能要求进行内容设计与编排，并注重民航人才的职业能力培养。在民航基础理论的讲解上，主要体现为对民航历史、民航发展、飞机构造和机场运行等知识的深入浅出的介绍。

　　本教材共由十个章节构成，主要包括：认识天空、人类的飞天梦想、中国民航的历史沿革与发展、航空器的概念和分类、公共航空运输业、通用航空、民航机场、中国民航的运行管理与保障体系、航空人员、国际民航业发展与国际空运。本教材在编排体例上立足于教师教学和学生学习需求，在全方位服务于师生的同时，兼顾了学生发展方向和用人单位需要，实现教学资源与教学内容的有效对接，融"教、学、研"为一体。本教材内容编写采用了启发教学的模式，有利于提高学生学习兴趣及主动性。每个章节项目均体现了"主体教材＋探究实践"一体化特点，主体教材内容涵盖了知识导航、知识拓展、思考于练习等内容，此外又进行了相关内容的拓展、资料链接等。

　　本教材在编写过程中吸收了多位专家、学者的研究成果和理念，参考了大量有关民航的文献、著作和电子资料，在此谨向所有专家、学者、参考文献的编著者表示衷心的感谢。本教材的顺利出版也得益于北京翔宇通用航空集团诸位领导的大力支持和帮助与中国民航出版社领导和编辑给予的有利支持，在此表示感谢。

　　本教材是编者们集体智慧的结晶，由于能力有限，书中的内容不尽成熟，难免有错漏之处，恳请各位读者给予批评和指正。

编　者

2019 年 5 月

目　录

第一章　认识天空

【学习目标】
1. 了解天空的特征、组成及开发与利用情况。
2. 掌握天空的基本概念。

第一节　天空概述

【知识导航】

　　天空，是地球重要的组成部分，是地球周围的广大空间。在古代，我国有"天圆地方"的说法。从人类诞生的那一刻起，浩瀚无垠的天空无时无刻不引人遐想，使人迷醉；古今中外，人类对天空的探索也从未停止。

　　天空是指地球周围的广大空间，它是地球重要的组成部分（见图1.1）。在古代，我国有"天圆地方"的说法。对于天空的描述，古往今来的文人墨客多有介绍。

　　1. 谓天际空阔

　　唐沈佺期《绍隆寺》诗："云盖看木秀，天空见藤盘。"前蜀贯休《送僧归天台寺》诗："天空闻圣磬，瀑细落花巾。"

　　2. 日月星辰罗列的广大空间

　　唐韩愈《南山》诗："天空浮脩眉，浓绿画新就。"茅盾《秋收》："偶尔薄暮时分天空有几片白云，全村的人都欢呼起来。"

　　人们可以观测气象或天文现象，从而得知天气变化、时间的流逝或自己的方位。人们通过日出日落可知一日中的时间，通过观看晚上月亮的盈亏可以知

图 1.1　天空

道一个月的时间；北斗星可以指示北方；通过云的厚度和形状可以知道是否会下雨。人们还可以欣赏到天空中许多美丽的现象，如彩虹、极光和流星雨等，鸟儿会在天空飞翔。

第二节　关于天空的传说

【知识导航】

　　我国作为世界文明古国，古籍中记载了许多与飞行有关的神话、传说和绘画。"嫦娥奔月"是人类古老的登月幻想，"精卫填海"、"女娲补天"和敦煌飞天壁画表达出人们对翱翔蓝天的渴求；外国神话中的天使也都长着美丽宽大的翅膀，《一千零一夜》故事中还出现了可以载人飞行的魔毯。虽然这些对航空航天技术的发展没有实质性帮助，但是它们寄托了人们探索、征服天空的美好愿望，并激励人们对航空航天技术的不断尝试与探索。

一、嫦娥奔月

　　我国西汉刘安《淮南子·览冥训》、晋朝干宝《搜神记》记述了"嫦娥奔月"的神话故事，讲述了嫦娥被逢蒙所逼，无奈之下，吃下了西王母赐给丈夫后羿的两粒不死之药后飞到了月宫的事情。"嫦娥奔月"的神话源自古人对星辰的崇拜，是人类古老的登月幻想。神话中嫦娥的形象如图1.2所示。

图1.2　神话中嫦娥的形象

二、盘古开天

盘古开天的主角是盘古，是我国民间神话传说人物，最早见于三国时期吴国徐整著的《三五历纪》。在太古的时侯，太空中飘浮着一个巨星，形状像是一个鸡蛋。就在那巨星的内部，有一个名叫盘古的巨人，一直在用他的斧头不停地开凿，企图把自己从围困中解救出来。经过一万八千年艰苦的努力，盘古挥出最后一斧，只听一声巨响，巨星分开为两半。盘古头上的一半巨星，化为气体，不断上升；脚下的一半巨星，则变为大地，不断加厚，宇宙开始有了天和地。天和地每日加高三尺，盘古也越高大，成了"顶天立地"的英雄。神话中盘古的形象如图 1.3 所示。

图 1.3　神话中盘古的形象

三、女娲补天

根据《淮南子·览冥训》，相传在远古时代，四根擎天大柱倾倒，九州大地裂毁，天不能覆盖大地，大地无法承载万物，大火蔓延不熄，洪水泛滥不止，凶猛的野兽吃掉善良的百姓，凶猛的禽鸟用爪子抓取老人和小孩。在这种情况下，女娲冶炼五色石来修补苍天，砍断海中巨鳌的脚来做撑起四方的天柱，杀死黑龙来拯救冀州，用芦灰堆积起来堵塞住了洪水。

天空被修补了，天地四方的柱子重新竖立了起来，洪水退去，中原大地上恢复了平静；凶猛的鸟兽都死了，善良的百姓存活下来。女娲背靠大地、怀抱青天，让春天温暖，夏天炽热，秋天肃杀，冬天寒冷。她头枕着方尺，身躺着准绳，当阴阳之气阻塞不通时，便给予疏理贯通；当逆气伤物危害百姓积聚财物时，便给予禁止消除。神话中女娲的形象如图 1.4 所示。

图 1.4　神话中女娲的形象

第三节　天空的特征及组成

【知识导航】

　　本节我们主要介绍天空的特征,即天空为什么是蓝色的,以及天空的组成,除了大气层以外,天空还有哪些组成部分。

一、天空的特征

　　天空之所以是蓝颜色的,是因为太阳光由七种光组成。七种光中波长较短的是青、蓝、紫,光波较短的最容易被空气分子与空气中的尘埃散射,所以阳光通过大气层时其中的青、蓝、紫三种光大部分被散射。大气层中的紫色几乎看不到,因为紫色光在被散射的同时大部分被吸收,而且人类的眼睛对紫色也并不敏感。

　　天空的颜色,也就是大气层的颜色,实际上是光谱中蓝色周围的合成颜色,我们称之为"蔚蓝"。如果没有大气层,我们看见的太阳就是像在漆黑的太空背景中一个非常耀眼的大火球,空间站的宇航员就能看到这样的景象,因为太阳光透过大气层失去了大部分光谱中的蓝色区域,我们透过大气层看到的太阳光往往是黄颜色的。蓝色光与黄色光混合后是白光(没通过大气层的太阳光)。

　　阴雨天的天空是灰白色的,因为较厚云层对阳光的主要作用是反射,这时光线就比晴天弱,天空就比晴天显得暗一些。当阳光再次透过较厚云层后,由于云层中含水量较大,还有较多的尘埃,阳光经反射后就主要表现尘埃与小水滴或小冰晶的颜色,所以阴雨天的天空看上去是灰白色的。

二、天空的组成

　　要了解天空的组成,必须提到大气层,地球是被大气层层层包裹起来的,所以也是我们所认识的天空的另一种叫法。

　　大气层(atmosphere),是地质学专业术语,地球就被这一层很厚的大气层包围着。大气层的成分主要有:氮气,占78.1%;氧气占20.9%;氩气占0.93%;还有少量的二氧化碳、稀有气体(氦气、氖气、氩气、氪气、氙气、氡气)和水蒸气。大气层的空气密度随高度而减小,高度越高,空气越稀薄。大气层的厚度大约在1000千米以上,但没有明显的界线。整个大气层随高度不同表现出不同的特点,分为对流层、平流层、中间层、暖层和散逸层,再往上就是星际空间了。如图1.5所示。

图 1.5　大气层

　　对流层在大气层的最低层，紧靠地球表面，其厚度大约为 10 ～ 20 千米。对流层的大气受地球影响较大，云、雾、雨等现象都发生在这一层内，水蒸气也几乎都在这一层内存在，还存在大部分的固体杂质。这一层的气温随高度的增加而降低，大约每升高1000 米，温度下降 5 ～ 6℃。动、植物的生存，人类的绝大部分活动，也在这一层内。因为这一层的空气对流很明显，故称对流层。对流层以上是平流层，大约距地球表面20 ～ 50 千米。平流层的空气比较稳定，大气是平稳流动的，故称为平流层。在平流层内水蒸气和尘埃很少，并且在 30 千米以下是同温层，其温度在 –55℃左右，且基本不变，在 30 ～ 50 千米内温度随高度增加而略微升高。平流层以上是中间层，大约距地球表面50 ～ 85 千米，这里的空气已经很稀薄，突出的特征是气温随高度增加而迅速降低，空气的垂直对流强烈。中间层以上是暖层，大约距地球表面 100 ～ 800 千米，最突出的特征是当太阳光照射时，太阳光中的紫外线被该层中的氧原子大量吸收，因此温度升高，故称暖层。散逸层在暖层之上，为带电粒子所组成。

　　大气层，又称大气圈，是因重力关系而围绕着地球的一层混合气体，是地球最外部的气体圈层，包围着海洋和陆地。大气圈没有确切的上界，在离地表 2000 ～ 16000 千米高空仍有稀薄的气体和基本粒子，在地下，土壤和某些岩石中也会有少量气体，它们也可认为是大气圈的一个组成部分。地球大气的主要成分为氮、氧、氩、二氧化碳和不到 0.04% 比例的微量气体，这些混合气体被称为空气。由于地心引力作用，几乎全部的气体集中在离地面 100 千米的高度范围内，其中 75% 的大气又集中在地面至 10 千米高度的对流层范围内。大气层保护地表以避免太阳辐射直接照射，尤其是紫外线；大气层也可以减少一天当中极端温差的出现。

　　除此之外，还有两个特殊的层，即臭氧层和电离层。臭氧层距地面 20 ～ 30 千米，实际介于对流层和平流层之间。这一层主要是由于氧分子受太阳光的紫外线的光化作用造成的，使氧分子变成了臭氧。电离层很厚，大约距地球表面 80 千米以上。电离层是高空中的气体，被太阳光的紫外线照射，由带电荷的正离子和负离子及部分自由电子形成的。电离层对电磁波影响很大，我们可以利用电磁短波能被电离层反射回地面的特点，来实现电磁波的远距离通讯。

在地球引力作用下，大量气体聚集在地球周围，形成数千千米的大气层。气体密度随着离地面高度的增加而变得愈来愈稀薄。探空火箭在3000千米高空仍发现有稀薄大气，有人认为，大气层的上界可能延伸到离地面6400公里左右。据科学家估算，大气质量约6000万亿吨，差不多占地球总质量的百万分之一。大气的体积成分为：氮78%、氧21%、氩0.93%、二氧化碳0.03%、氖0.0018%，此外还有水汽、尘埃、气溶胶及大粒度悬浮颗粒。由于地磁场的保护作用，大气层在太阳风及宇宙高能射线流的刮蚀作用下得以保存。

大气层的分层如图1.6所示。

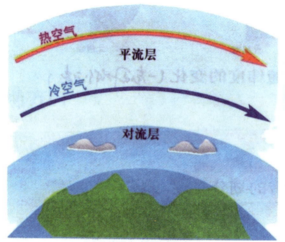

平流层大气的特点

气流以平流运动为主，利于高空飞行，气温随高度增加而上升。

图1.6 大气层分层图

自然状态下，大气是由混合气体、水汽和杂质组成。除去水汽和杂质的空气称为干洁空气。干洁空气的主要成分为78.09%的氮、20.94%的氧和0.93%的氩。这三种气体占总量的99.96%，其他各项气体含量不到0.1%，这些微量气体包括氖、氦、氪、氙等稀有气体。在近地层大气中，上述气体的含量几乎可认为是不变化的，称为恒定组分。

在干洁空气中，易变的成分是二氧化碳（CO_2）、臭氧（O_3）等，这些气体受地区、季节、气象以及人类生活和生产活动的影响。正常情况下，二氧化碳含量在距地面20千米以上明显减少。

大气中组分是不稳定的，无论是自然灾害，还是人为影响，会使大气中出现新的物质，或某种成分的含量过多，超出了自然状态下的平均值，或某种成分含量减少，影响生物的正常发育和生长，给人类造成危害，这也是环境保护工作者应研究的主要对象。

大气的铅直结构示意图如图1.7所示。

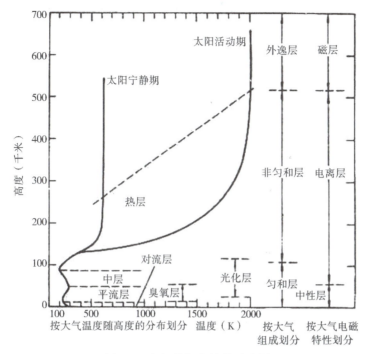

图 1.7　大气的铅直结构示意图

第四节　天空的开发与利用

【知识导航】

人类从很早就具有飞天梦想。对天空的利用和开发，人类经历了什么样的过程呢？本节将带领大家走进天空探索的世界。

1961 年 4 月 12 日，人类首次遨游太空，27 岁的苏联宇航员尤里·加加林乘坐"东方 1 号"飞船，在莫斯科时间上午 9 时零 7 分发射升空，并按预定时间进入空间轨道，在太空围绕地球一周飞行 108 分钟后返回地面，完成了人类第一次征服太空的壮举。从 1969 年起，人们把每年的 4 月 12 日称为"世界航天日"，又称"世界航天节"。如图 1.8 所示。

人类自古以来就对广袤无垠的天空充满向往，在我国出现了嫦娥奔月、夸父逐日的

图 1.8　太空第一人 – 前苏联航空员加加林

神话故事。人类对头顶的那片天，总是充满敬畏，但又心驰神往，因此对天空的探索从未停止过。

古代西方人认为，天地像一个大鸡蛋，地球是蛋黄，大气层是蛋清，镶嵌着星星的天空像蛋壳一样，包裹在"蛋清"的外面。西方人就在它们轨道的大圆（叫均轮）上再加一些小圆（叫作本轮），以此使天体运行与观测结果相符。这是阿波罗尼奥斯和托勒密研究出来的。

直到16世纪哥白尼提出日心说，人类才把太阳放到了宇宙的中心。到了18世纪，西方人开始怀疑太阳在宇宙中的中心地位，因为如果太阳是宇宙的中心的话，遥远的恒星围绕太阳运行的速度就会达到甚至超过光速了，这怎么可能呢？于是，他们开始重新认识银河，并由此开始猜测宇宙的结构。当然，他们认为银河就是整个宇宙。这是东普鲁士的康德等人研究的结果。到19世纪中期，终于有人用三角测量法测出了几颗恒星与地球的距离。到20世纪初，由造父变星的光变周期，初步得出了银河系的大小。但这时，人们仍认为，我们的银河系就是整个宇宙。直到20世纪20年代，美国的埃德温·哈勃才把人类的目光投向了银河系之外。随着哈勃定律的发现，人们终于知道了宇宙究竟有多大。

中华民族是最早具有飞天梦想的民族之一。早在春秋战国时期，木匠的祖师爷鲁班就开始削竹制鸟，名为"木鹊"，上天后可以三天三夜不下来，这是古代中国人最早设计出来的飞行器（见于《墨子·鲁问》中）。后来，东汉的张衡、唐代的韩志和，也曾先后发明了类似的简单飞行器。

古代中国人还曾设想像鸟儿那样有一双翅膀，自由翱翔太空。这个设想放在现代，便是危险极大、挑战性最强的翼装飞行运动，而这种身有两只巨大人工翅膀的"羽人"则是古代中国宇航员的另一种形象。

翼装飞行是人类飞天梦想的具体行动，现在仍为不少西方人所喜爱。其实，人类最早进行翼装飞行的是中国人，他就是西汉末年的"翼装侠"，他用鸟羽制成了两只人工翅膀，借此飞跃数百步才落下来。因史书只记载了这件事，未记其名，让他成为了无名的"翼装侠"。

隋唐时我国发明了最早的火药，而宋代的火药武器——火箭，便是现代火箭的雏形。在航天飞行中，能够拥有载人飞行的火箭，是一国航天技术先进和成熟的标志。在现代载人航天发展至今不到一百年的历史中，我国明代就已经出现了这样的载人飞行试验。

这个航天人名叫万户，约生活在14世纪末。他在一把座椅的背后，装上47枚当时可能买到的最大火箭，然后把自己捆绑在椅子上，两只手各拿一个大风筝。飞鸟状的飞行器被安放在山头上，万户让人同时点燃47枚火箭，其目的是借着火箭向前推进的动力，加上风筝的上升力量及平衡作用飞向天空。于是，喷着火焰的"飞鸟"带着万户离开山头冲向半空。然而不久，火光消失，飞鸟翻滚着摔在山脚之下，万户也因此丧生。

这次试验以失败告终，万户由此成为古代中国乃至世界上为航天事业献身的第一人。万户惊人的胆略和非凡的预见，为后人进入太空打开了思路。为纪念这位世界上第一个利用火箭推力飞行的先驱者，人们将月球背面的一座环形山命名为"万户环形山"，万户的名字被永远刻在了他梦想触及的地方。

人类对月球的探索如图 1.9 所示。

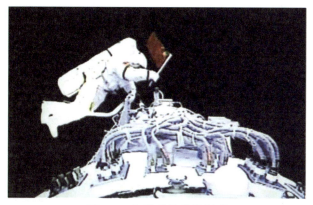

图 1.9　人类对月球的探索

时至今日，航天梦不仅是人类对未知世界的探索，更是大国博弈间的筹码。载人航天事业是人类历史上最为复杂的系统工程之一，它的发展取决于整个科技水平的发展。同时，它也影响着整个现代科学技术领域的发展，同时对于现代科学技术的各个领域提出了新的发展要求，从而可促进和推动整个科学技术的发展。一个国家载人航天技术的发展，可以反映出这个国家的整体科学技术和高科技产业水平，如系统工程、自动控制技术、计算机系统、推进能力、环控生保技术、通信、遥感以及测试技术等诸多方面。它也能体现这个国家力学、天文学、地球科学和空间科学的发展水平。没有航天医学工程的研究与发展，要想把人送进太空并安全、健康而有效地生活和工作是不可能的。美国赫赫有名的"阿波罗"计划从 1961 年开始实施至 1972 年结束，共花费 240 亿美元，先后完成 6 次登月飞行，把 12 人送上月球并安全返回地面。它不仅实现了美国赶超苏联的政治目的，同时也带动了美国科学技术特别是推进、制导、结构材料、电子学和管理科学的发展。在我国综合国力不断增强的今天，载人航天事业的发展能在极大程度上实现我国科技力量的跨越式发展。发展载人航天是当今各国综合国力的直接体现。各发达国家在发展战略上都将增强综合国力作为首要目标，其核心就是高科技的发展，而载人航天技术就是其主要内容之一。一个国家如果能将自己的宇航员送入太空，不仅仅是国力的体现，而且也将在很大程度上增强民众的自豪感，弘扬民族精神，增强凝聚力。特别是现在"神舟系列"载人飞船的成功研制和使用，引起全世界的注视，提高我国的国际地位。

毫无疑问，在地球资源日渐枯竭的未来，对太空资源的开发和利用就日益重要。而载人航天技术显然在其中占有重要地位。现在已知浩瀚的太空是拥有丰富资源的巨大宝库，载人航天事业就是通向这个宝库的桥梁。"太空工厂"几乎像是在变魔术一般，在微重力、真空和无对流的条件下，制造出地球上难以形成的合金材料和其他的相关产品。可以想象，如果说前三次工业革命给人类带来了巨大的财富，那么这次由太空技术引发的"新工业革命"最终将改变整个人类社会的现有模式，"Made In Space"的字样将充满整个市场的各个角落。我国要想在未来市场中占据一席之地，离不开开发太空资源的基础——载人航天技术。

　　航天事业是一项具有国际竞争性的事业。航天技术的发展水平代表着一个国家的综合国力和科技水平。作为最先发展起来的航天大国，美国、苏联对航天技术进行垄断和封锁。众所周知，我国航天事业是在西方封锁、苏联不肯给予支援的情况下艰难起步的。从一开始，我国就坚定了独立自主、自力更生发展航天事业的决心。正是在这一正确原则的指导下，经过几代航天人的艰苦奋斗，我国才从最初拥有自己研制的液态火箭开始，逐步拥有了自己的卫星，直到今天成功发射自己研究设计的载人飞船。如果没有自发研制并成功发射返回式卫星的技术实力和经验，也许今天我们就没有自己设计的"神舟"飞船。如图 1.10 所示。

图 1.10　载人航天飞船

【思考与练习】

　　1. 谈谈你了解的关于天空的传说？

　　2. 天空的组成部分有什么？

　　3. 载人航天事业对我们有什么重大意义？

第二章 人类的飞天梦想

【学习目标】

1. 了解古代社会人们的飞天梦想和实践。

2. 了解近代社会人类飞天的探索之路。

3. 了解现当代航空技术的最新发展情况。

第一节 古代社会人类对飞天的探索

【知识导航】

我国的竹蜻蜓：被认为是现代直升机的雏形。

我国风筝：世界上最早的飞行器，世界上第一种重于空气的飞行器。

孔明灯：我国古代的重要飞行器发明之一。

神火飞鸦：明朝军队所装备的火器。由火箭的反作用力向前推动，下绑两个火箭，上方类似飞机，整体像个现代微型战斗机，可视为战斗机鼻祖。

一、竹蜻蜓

春秋时期，我国人发明了竹蜻蜓。这个简单而神奇的玩具流传至今，经久不衰。竹蜻蜓外形呈 T 字形，通常用竹子制作，横的一片是螺旋桨，中间开孔后插入一根竹棍（如图 2.1 所示）。两手搓转竹棍，竹蜻蜓就会旋飞上天。18世纪，竹蜻蜓传到欧洲，被称为"中国飞陀螺"。英国"航空之父"乔治·凯

图 2.1 竹蜻蜓

利曾对竹蜻蜓十分痴迷，他的第一项航空研究就是仿制、改进竹蜻蜓，解析螺旋桨的工

作原理。因此，许多人认为，我国的竹蜻蜓就是现代直升机的雏形。

二、孔明灯

说到孔明灯，可能很多人会以为是三国时诸葛亮发明的，其实至今人们并没有发现诸葛亮发明孔明灯的史料记载。孔明灯多以松脂为燃料。早期常用于夜间军事活动传递信息，故又是"信号灯"。现代人则多用其祈愿，故也称孔明灯为"许愿灯"。如图2.2所示。

图 2.2　孔明灯

孔明灯是我国古代的重要飞行器发明之一。据《淮南万毕术》记载："艾火令鸡子飞。"这句话的意思是，将燃烧的艾火放进鸡蛋壳里，艾燃烧产生的热气可以让鸡蛋壳飞起来。

鸡蛋壳为什么能飞？其实道理很简单，就是"热气球"原理。孔明灯的原理也与此类似。孔明灯被发明以后，最早并非是民用，而是军用。唐宋时，孔明灯已被成功运用到军事领域，一直到晚清，孔明灯都是指挥作战和传递情报的重要工具。据明代军事著作《纪效新书》记载，明将戚继光夜间曾成功使用不同颜色的孔明灯组合来指挥对倭作战。

随着造纸术的发明，人们后来使用蜡纸制作孔明灯，这种纸阻燃、防雨，还聚气。诗人陆游在《灯笼》中称："灯笼一样薄蜡纸，莹如云母含清光。"古代孔明灯的制作方法与现代差不多，一般是用竹篾扎成一个球形灯架，上方不留出口，糊上纸勿令漏气。灯下点燃松脂后，灯内即充满热空气，孔明灯便可冉冉升空。

三、风筝

风筝，古人称为鸢，如图2.3所示。早在春秋战国时期，我国便已出现了木制的风筝。据考证，东周人墨翟曾"费时三年，以木造鸢，飞升入天"。到了东汉，蔡伦造纸术在坊间开始推广，纸糊的风筝也在我国北方地区流传开来。经过代代相传，风筝的制作技艺不断推陈出新，材料和工艺愈发精良，风筝式样、性能也大为改观。

图2.3 风筝

据唐代李冗编撰的《独异志》记载，梁武帝曾利用风筝作军事用途，来传达消息。13世纪时，在蒙古军队和金朝军队的战争中，金人曾放出风筝，并在风筝上附带鼓励被俘士兵叛逃的传单；当风筝飘到蒙古军队的战俘营上空时，他们便把线切断，将传单散播出去。

以上说的都是无人风筝，事实上，我国古代文献中也有若干风筝载人的记录。譬如，公元19年，为攻打匈奴，王莽下令招募异能之士。一日，有人应诏称会飞，王莽很高兴，让该人当场展示。此人便在长安进行了飞行表演。《汉书·王莽传》是这样记载此事的："取大鸟翮为两翼，头与身皆著毛，通引环纽，飞数百步，堕。"

这是关于我国古人飞行的重要记录，可惜文字太过简略，不仅"飞行家"没名没姓，而且飞行方法——"通引环纽"到底是怎么回事，也语焉不详。不过，后人猜测，此人极有可能利用了风筝滑翔的原理。

四、神火飞鸦

明朝时，明军长期处于战争状态，由于经济水平发展比较高，所以明朝是我国古代军用技术发展比较迅速的一个时期，最突出的表现就是一大批军用火器的发明与装备。火铳和火炮在明朝都得到了质的飞跃，甚至还出现了最早的火箭弹——神火飞鸦。如图2.4所示。

图2.4 神火飞鸦

神火飞鸦是明朝中期出现的一种军用火箭弹，记载于明朝军用装备著作中。它个头不大，长约半米。这种火箭弹的主体部分是一只用植物条编织起来的乌鸦，然后用黑色的布或者纸糊起来。主体内装有火药，是作为"战斗部"使用的。推进系统采用的是连接在战斗部下的两支火药筒，发射时点燃两支火药筒，将火箭推出去。落地时点燃内部的战斗部火药，用来杀伤敌人，射程大约350米。无论是原理上还是用途上，它都和现代的火箭弹别无二致，这简直就是明军的"喀秋莎"。

第二节 近代社会人类飞天技术的探索

【知识导航】

1783 年，法国人蒙特哥菲尔兄弟研制的气球首次把人类带离地面。

1852 年，法国人亨利·吉法尔制造出了第一艘部分可操纵的飞艇。

1891 年，李林达尔制成一架蝙蝠状的弓形翼滑翔机。

1903 年，美国的莱特兄弟制造出被世界上公认的第一架飞机。

1909 年，旅美华侨冯如驾驶着自制飞机试飞成功，揭开了我国航空史的第一页。

一、热气球的发明

18 世纪，法国造纸商蒙特哥菲尔兄弟受碎纸屑在火炉中不断升起的启发，用纸袋把热气聚集起来做实验，使纸袋能够随着气流不断上升。1783 年 6 月 4 日，蒙特哥菲尔兄弟在里昂安诺内广场做公开表演，一个圆周为 110 英尺的模拟气球升起，飘然飞行了 1.5 英里。同年 9 月 19 日，在巴黎凡尔赛宫前，蒙特哥菲尔兄弟为国王、王后、宫廷大臣及 13 万巴黎市民进行了热气球的升空表演。同年 11 月 21 日下午，蒙特哥菲尔兄弟又在巴黎穆埃特堡进行了世界上第一次载人空中航行，热气球飞行了 25 分钟，在飞越半个巴黎城之后，降落在意大利广场附近。蒙特哥菲尔兄弟的这次飞行比莱特兄弟的飞机飞行早了整整 120 年。如图 2.5 所示。

图 2.5 蒙特哥菲尔兄弟研制的热气球

二、飞艇的发明

图 2.6　亨利·吉法尔发明的飞艇

由于气球在空中随风飘荡，不能由人任意控制，使用很不方便，于是它便向可操纵的方向发展。1852 年，法国人亨利·吉法尔发明并制造了世界上第一个可半操纵的气球——飞艇（如图 2.6 所示）。这个飞艇形状像橄榄，长 44 米，最大直径 12 米，装一台蒸汽发动机，输出功率为 3 马力（2.25 千瓦），驱动一副 3 叶螺旋桨。这种充满氢气的飞艇由一台蒸汽机驱动，并以 8 千米/小时的速度飞行了 27 千米。吉法尔接着又制造了巨大的系留气球。大约有 35000 人在 1878 年巴黎世界博览会上乘坐他的系留气球旅行过。

三、滑翔机的发明

德国人奥托·李林达尔是世界上成功地把载人滑翔机飞上天的第一人。

1848 年 5 月 23 日出生的李林达尔和比他小 1 岁的弟弟古斯塔夫，自小时候就向往能像鸟一样翱翔蓝天。两人从研究鸟飞行开始，制造了大量的扑翼机模型，并自己设计了旋臂机，从中得到了许多试验数据。在积累了相当丰富的经验和数据后，李林达尔因转弯飞行被人们称为"蝙蝠侠"。

1896 年 8 月 9 日清晨，李林达尔十分兴奋地告诉弟弟他要用他很喜欢的 11 号滑翔机试验一个新的操纵动作。

在弟弟古斯塔夫调整好滑翔机后，李林达尔借着强劲的上升气流急不可待地迎风跑了起来。很快李林达尔和滑翔机飞上了天空并一直向高空飞去，一切似乎很顺利。

在地面的古斯塔夫感到滑翔机的机翼角度似乎太大了些，于是向他的哥哥大喊"小心"，但为时已晚。当李林达尔准备挪动一下身子调整飞行姿态时，滑翔机由于失速而猛然头朝下快速栽向地面而坠毁，李林达尔的脊椎被摔断。

在送往医院的途中，李林达尔对泪流满面的弟弟说的最后一句话是：牺牲是必需的。第二天李林达尔在医院中去世，年仅 48 岁。尽管李林达尔的滑翔机结构十分简陋，必须通过自身身体的移动来操纵飞机的运行，但它却是世界上第一种可操纵的飞行器，并且为七年后有动力飞机的成功研制打下了基础。如图 2.7 所示。

图 2.7　李林达尔与滑翔机

四、飞机的问世

1903 年 12 月 17 日，莱特兄弟制造的第一架飞机"飞行者 1 号"在美国北卡罗来纳州试飞成功。如图 2.8 所示。

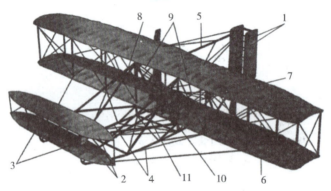

1—双方向舵；2—双翼式升降舵；3—前翼龙骨面固定片；4—着陆撬；
5—方向舵尾撑；6—外翼翼间张线；7—驾驶室；8—链条传动；
9—翼尖扭曲操纵支架；10—升降舵操纵器；11—机身加固杆

图 2.8　飞行者 1 号

莱特兄弟是美国俄亥俄州人，从小就对机械有着天生的爱好，喜欢拆拆弄弄。他们尤其对一些旧时钟、磅秤感兴趣。不过威尔伯比奥维尔长 4 岁，威尔伯常常与自己年龄相仿的男孩子们交往。奥维尔也有自己的好友。在家里，两兄弟自然玩在一块了。

1878 年 6 月，他们全家从俄亥俄州的代顿市搬到了依阿华州的锡德腊皮兹市，住在该市的亚当街。为庆祝圣诞节，莱特兄弟的爸爸给他们带回了一个"蝴蝶"玩具，爸爸告诉他们，这是飞螺旋，能在空中高高地飞去。从那以后，在他们的幼小心灵里，就萌发了将来一定制造出一种能飞上高高蓝天的东西。这个愿望一直影响着他们。莱特兄弟不仅努力掌握前人的研究成果，而且十分注意直接向活生生的飞行物——鸟类学习。

他们常常仰面朝天地躺在地上，一连几个小时仔细观察鹰在空中的飞行，研究和思索它们起飞、升降和盘旋的机理。在吸取前人经验教训的基础上，莱特兄弟开始了飞行器的研制。在无法得到别人资助的情况下，他们用自行车生意赚来的钱进行飞机的研制。奇迹发生在 1903 年 12 月 17 日，这天清晨，美国北卡罗来纳州的基蒂霍克还在沉睡，天气寒冷，刮着大风，空旷的沙滩上静静地停放着一个带着巨大双翼的怪家伙，这就是人类历史上第一架飞机——"飞行者 1 号"。莱特兄弟如图 2.9 所示。

图 2.9　莱特兄弟

他们成功地驾驶着自己设计制造的重于空气的飞行器进行了飞行。莱特兄弟的首次飞行，留空时间反 12 秒，飞行距离 36.6 米。

五、中国航空之父——冯如

1909 年 9 月 21 日，"中国航空之父"冯如驾驶着由他设计制造的"冯如 1 号"飞机，在美国加利福尼亚州的奥克兰市南郊完成了属于中国人的首次载人动力飞行。如图 2.10 所示。

中国航空先驱——冯如

图 2.10　冯如

1883 年，冯如出生于广东省恩平县牛江渡区杏圃村，距广州约 200 多千米里。当时的中国正遭西方列强的凌辱，劳苦大众在半殖民地半封建社会中艰苦度日。冯如的父亲冯业伦是一个朴实憨厚的庄稼人，靠耕耘一小块土地养家糊口。冯如自小聪明伶俐，他从小热爱手工，经常用泥土、木棍等物造成一些小车、小工具等模型。由于无钱求医，冯如的四个哥哥相继病逝，小冯如也因家中无钱，只好中途辍学，帮助父亲务农。1894年跟随舅舅前往美国留学，那一年他才 12 岁。

冯如见到科技革命后的美国发展迅速，感叹我国如要富强一定要学习先进技术。于是，他下决心学习技术，用科技救中国。1907 年 9 月，冯如抱着科技救国的梦想开始制作飞机。当有人对他是否有能力研制飞机提出疑问的时候，冯如坚定地说："我发誓要用毕生的精力为国家研制成飞机。苟无成，毋宁死！"

当时莱特兄弟的飞机刚刚起飞没有多久，为了保持垄断地位，他们把所有资料全部封锁起来。冯如他们只能靠自己掌握的空气动力学的知识，白手起家设计图纸。为了了解当时各国研制飞机的情况以及吸取别人的长处，冯如把自己生活上节省下来的钱全部购买了报纸和杂志。他们起早贪黑，没昼没夜地干着，攻克了一个又一个技术上的难关。经过半年的努力，第一架飞机终于制作出来了。

1909 年 9 月 21 日，他的飞机终于上天了。这一天，中国飞机制造家、飞行家冯如驾驶着一架自制的飞机翱翔在奥克兰的上空。这架飞机的机翼、方向舵、螺旋桨、内燃机等部件全部是由冯如等中国人自己制造的，它是中华民族的光荣，显示了炎黄子孙的杰出智慧和中华民族的伟大力量。这架飞机试飞航程达 884.67 米，而飞机发明者美国莱特兄弟 1903 年首次试飞距离 36.6 米。

1912 年 8 月 25 日，冯如在广州燕塘机场公开进行飞行表演。冯如先向到场的各界人士介绍情况，包括飞机如何利用、如何制造、如何驾驶等内容。接着，冯如驾驶自制飞机凌空而上，高约 36 米，东南行约 8 千米。当时飞机运转正常，操纵自如，鼓掌之声，不绝于耳。但冯如急于升高，操纵过猛，致使飞机失速坠地，机毁人伤。经医院抢救无效，冯如以身殉国，时年仅 29 岁。

冯如雕像如图 2.11 所示。

图 2.11　冯如雕像

第三节　现代社会航空技术的发展

【知识导航】

20 世纪 20 年代，飞机开始载运旅客，在第一次世界大战和第二次世界大战结束后，大量的运输机改装成客机。20 世纪 60 年代后，涡轮风扇型发动机逐渐推广。

1936 年，福克—乌尔夫公司推出 Fw61 型直升机。

1939 年，世界上第一架喷气式飞机——德国的亨克尔公司制造的 He-178 试飞成功。

20 世纪 30 年代末，历史上第一架突破音障的飞机是采用火箭动力和平直薄机翼、由载机从空中释放的贝尔 X-1 试验机。

一、民航运输的发展

飞机的快速发展与大量生产，是在第一次世界大战中实现的。飞机发明出来以后，人们很快就意识到它在军事上的价值，而第一次世界大战的战争需要，促使人们聚集起国家的力量，让飞机超常规地发展起来。人们在飞机上安装机枪，利用飞机投弹轰炸。虽然飞机并没有在第一次世界大战的战局中发挥决定性作用，但是毕竟大量的飞机被制造出来，而且有了稳定可靠的飞行。

第一次世界大战中飞机的使用如图 2.12 所示。

图 2.12　第一次世界大战中飞机的使用

第一次世界大战结束以后，这些飞机没有了战场上的用武之地，自然就转向了民用。1919 年 1 月 10 日，英国皇家空军第一中队开始在伦敦至巴黎间定期空运旅客和邮件。

1919 年 8 月 25 日是英国航空运输史上一个重要的日子，因为在这一天开辟了定期国际商务空运每日航班。就在同一年，法国、德国、瑞士等国家，也相继开展了各种不同形式的民用航空运输业务。同样在 1919 年，美国邮政局开辟了美国横贯大陆的第一批邮政航班。

最初的民用航空运输，几乎都是利用剩余的战时飞机来进行的。这些飞机都得到不同程度的改进，以适用于商业运输。所谓"改进"往往只是拆除枪炮和炸弹挂架，但是，也有些飞机装上了简单的密闭座舱。

早期的民用航空运输飞机如图 2.13 所示。

图 2.13　早期的民用航空运输飞机

历史上第一架客机 DH-16 于 1919 年 3 月开始首航，载客 4 人，飞伦敦—巴黎航线。它服役于 1919 年 8 月 25 日，使用一台单发 Napier Lion 12 缸水冷航空活塞引擎，有 450 马力。

二、航空动力装置的发展

首先，飞机发动机经历了活塞式发动机时期。早在世界上第一架由莱特兄弟发明的飞机上，飞机发动机就已经出现了，它是由一台水冷发动机改装而成的，重量大、功率小，支持"飞行者 1 号"在天空飞中的行时间仅为 12 秒，但它却开创了飞机发动机史的崭新篇章。随后在第一次世界大战期间，法国的发动机产业呈现出一时的鼎盛，以伊斯潘诺－西扎 V 型液冷发动机为代表的新一代活塞式发动机发展起来，在第一次世界大战中发挥了巨大的作用。在 20 世纪 20 年代中期，美国莱特公司和普·惠公司先后推出单排的旋风和飓风以及黄蜂和大黄蜂发动机，最大功率超过 400 千瓦，推动了发动机核心技术的快速发展。在第二次世界大战期间，以普·惠公司的双排双黄蜂（R-2800）和四排巨黄蜂（R-4360）、莱特公司的 R-2600 和 R-3350、英国罗·罗公司的梅林为代表的发动机成为世界的主流发动机。可以说，在两次世界大战的推动下，活塞式发动机达到了发展的巅峰。

活塞式发动机工作原理如图 2.14 所示。

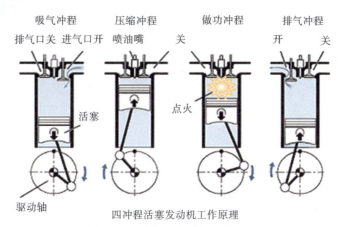

吸气冲程　　　　压缩冲程　　　　做功冲程　　　　排气冲程

排气口关 进气口开 喷油嘴　　　 关　　　 点火　　　 开　　 关

活塞

点火

驱动轴

四冲程活塞发动机工作原理

图 2.14　活塞式发动机工作原理

其次，发动机进入了喷气式时代。第二次世界大战结束后，涡轮喷气式发动机的发明极大地革新了飞机发动机的关键技术。活塞式发动机逐步退出主要航空领域，但这一时期的发动机主要是在活塞式发动机的基础上发展起来的。在此之后，在技术发展的推动下，涡轮喷气式发动机、涡轮风扇发动机、涡轮螺旋桨发动机、桨扇发动机和涡轮轴发动机在不同时期、不同的飞行领域内发挥着各自的作用，使航空器性能得到极大的改善。喷气式发动机结构如图 2.15 所示。

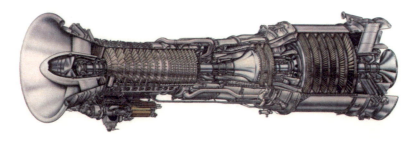

图 2.15　喷气式发动机结构

最后，涡轮喷气式、涡轮风扇式发动机逐步占据一席之地。英国的惠特尔和德国的奥海因分别在 1937 年 7 月和 1937 年 9 月研制成功离心式涡轮喷气式发动机 WU 和 HeS3B。从总体上来看，世界上第一台实用的涡轮喷气式发动机是德国的尤莫 –004，世界上第一台运转的涡轮风扇发动机是德国戴姆勒 – 奔驰研制的 DB670。第二次世界大战时期，以罗·罗公司推出的威兰德为代表的涡轮喷气式发动机得到英国政府的高度重视，该机曾在英吉利海峡上空成功地拦截了德国的 V–1 导弹。如图 2.16 所示。

图 2.16 涡轮喷气式发动机

三、航空领域各类机型的发展

1. 直升机

Fw61 是福克－乌尔夫公司在 1936 年推出的直升机，由德国科学家福克·沃尔夫设计。这是一架横列式双旋翼直升机，也是世界上第一架真正能在空中盘旋的直升机，它沿用了普通飞机的机身和方向舵，机身前部装有一台发动机，起落架为三轮式，样子十分古怪。

试飞那天，它由一名女子驾驶，从德国柏林起飞，以 68 千米／小时的速度安全飞到了英国伦敦。进行这种长距离的飞行，在当时还是第一次。它的试飞成功，打破了垂直飞行器的飞行纪录，震动了世界航空界。

2. 喷气式飞机

世界上第一架喷气式飞机是德国的 He-178。在飞机发明几年以后，有人就提出喷气推进的理论。最早关于空气喷气发动机的设想是法国人洛林在 1908 年提出的。他建议，将活塞发动机的排气阀上接一支扩张型的喷管，利用燃气从喷管向后喷射的反作用力使飞机前行。1910 年，旅居巴黎的罗马尼亚人柯安达进行了最早的喷气式飞机试验飞行。他用一台活塞发动机带动一支管道内的风扇转动，驱动空气向后喷出产生了反作用推力。当年 11 月 10 日，从未驾驶过飞机的柯安达用自己设计的飞机进行了一次短暂的跳跃。这次试飞虽然不算成功，但不少报刊给予了相当高的评价。

随后的 20 世纪 30 年代，英国人惠特尔和德国人欧海因各自在同一时期完成了喷气式发动机的发明。1936 年 4 月 15 日，欧海因与亨克尔飞机公司签订了研制喷气式发动机的合同。在随后的三年时间里，欧海因最终完成了喷气式发动机的研制工作，定名为 HeS3，推力为 4000 牛，推重比为 1.12。

用于试飞的配套飞机于 1937 年底开始研制，1939 年春制造完工，定名为 He-178。1939 年 8 月 27 日，在第二次世界大战爆发前，由德国著名试飞员瓦西茨驾驶的亨克尔 He-178 进行了首次飞行，成为世界上第一架试飞成功的喷气式飞机。如图 2.17 所示。

图 2.17　He-178 飞机

　　英国是最早发明喷气式发动机的国家之一，一度领先于世界。第二次世界大战结束后，英国人将喷气技术用于民用机，从而研制出世界上第一种喷气式客机——"彗星"号。

　　20 世纪 40 年代初，战争还在继续，英国建立了一个布拉巴宗委员会，研究英国在战后应当发展什么样的客机，其中的规划之一就是研制三发动机喷气式客机。1946年，英国的德·哈维兰公司开始设计这种飞机，并命名为"彗星"号。1949 年 7 月 27日，原型机进行首次试飞，成为世界上第一种喷气式客机。1952 年 5 月 2 日，"彗星"号客机正式投入航线运营。"彗星"号最引人注目的特点有两个，一是速度快，可达788 千米 / 小时，这是当时任何客都机无法相比的；二是采用密封式座舱，可在更高处飞行，平稳性和舒适性也是前所未有的。由于这些特点，一时间各大航空公司纷纷订购"彗星"号飞机。之后"彗星"号又进行了改进，增加了旅客数和航程。如图 2.18 所示。

图 2.18　"彗星"号

　　3. 超音速飞机

　　历史上第一架突破音障的飞机是采用火箭动力和平直薄机翼、由载机从空中释放的贝尔 X-1 试验机。X-1 试验飞机作为人类历史上一种划时代的飞机，不仅仅是因为它的速度超过了音速，还因为它是世界上第一种纯粹为了试验目的而设计制造的飞机。X-1-1、X-1-2 于 1945 年相继出厂后开始进行试验飞行。X-1 产生最初设想来自20 世纪 30 年代末飞机设计领域所遇到的问题，当时建造的风洞已经不能满足飞机在亚音速和超音速飞行条件下各种参数的正确搜集，因而研制出一种专用的飞行试验机势在必行。

　　超音速飞机如图 2.19 所示。

图 2.19　超音速飞机

第四节　当代社会航空技术的飞跃发展

【知识导航】

现代飞机上使用统一处理器对飞机上各种航空电子设备的信息进行统一的处理，并将功能相同或相近的设备组合在一个组件内，且在显示器上综合显示相关的参数，在各航空电子设备之间通过机载数据总线来传送有关信息，从而使整个飞机上所有航空电子设备的性能达到更高的水平，这样的系统称为综合航电系统。

航空材料泛指用于制造航空飞行器的材料。

一、大型飞机的发展

现代大型飞机一般以两台以上涡轮风扇喷气式发动机为动力，主流总体布局是后掠机翼翼下吊挂发动机动力短舱。

大型民用飞机，国内常称"干线飞机"，是指 100 座级以上的民用客机及由其改型的民用货机，例如，我国自主研制生产的运–10 和 C919 大型客机，美国波音公司研制生产的波音 737、波音 747 和波音 787 以及欧洲空客公司研制生产的空客 A320、空客 A350 和空客 A380 等。现代意义的大型民用飞机从 20 世纪 50 年代末起陆续问世并投入营运，开创了商业喷气航空运输时代。近 60 年来，全球大型民用飞机产业面向与时俱进的市场需求和法规要求，以全面提高安全性、经济性、舒适性和环保性为主要目标，在不间断的技术进步与产品 / 服务升级换代的互动发展中，取得了大型民用飞机产品、技术和产业的长足发展，支持构建和营运安全、快速、经济、环保、舒适、规模空前的航空运输系统，为人类社会的经济发展和社会进步做出了重大贡献。国产 C191 大型客机如图 2.20 所示。

图 2.20　国产 C919 大型客机

二、航空电子信息技术的发展

近年来，随着通信、计算机、虚拟现实等相关技术的快速进步，航空电子系统（以下简称航电系统）发展迅速，综合化、智能化、模块化水平不断提高，已经日益成为大型飞机不可或缺的组成部分，在保障大型飞机安全、可靠地完成相关任务中发挥着非常重要的作用。

对于不同类型的飞机，根据其任务使命和应用环境不同，其航电系统的组成、功能和配置有一定区别，但从总体上看，航电系统主要功能是：在大型飞机运行过程中，根据其任务需要和环境特点，完成信息采集、任务管理、导航引导等基本飞行过程，为飞行机组提供基本的人机接口，确保飞行机组的态势感知和飞机系统管控能力，使得飞行机组能够及时、有效地管理和控制飞机安全、可靠地按照预定航迹飞行，高效地完成相关任务。一般来看，航电系统的基本组成包括：通信系统、导航系统、任务 / 飞行管理系统、综合显示系统、核心处理系统、机载维护系统等。

随着航电系统综合化、模块化趋势的不断加剧，集中式的 IMA（Inverse Multiplexing for ATM，ATM 反向复用技术）架构逐步向分布式综合模块化航电架构发展。在这一架构下，系统的处理、接入、网络、转换资源按照飞机任务区域进行分布式部署，使得数据就近接入、信息就近处理、各系统的功能应用就近执行，克服了原有的 IMA 架构中系统布线复杂、核心处理平台负担过重等问题。这也代表了航电系统的未来发展方向。如图 2.21 所示。

图 2.21　航电系统

三、航空材料技术的发展

在现代材料科学与技术的发展历程中，航空材料一直扮演着先导和基础作用。机体材料的进步不仅推动飞行器本身的发展，而且带动了地面交通工具及空间飞行器的进步；发动机材料的发展则推动着动力产业和能源行业的推陈出新。"一代材料，一代飞行器"是航空工业发展的生动写照，也是航空材料带动相关领域发展的真实描述。可以说，航空材料反映结构材料发展的前沿，代表了一个国家结构材料技术的最高水平。如图 2.22 所示。

图 2.22　航空材料

航空材料的发展趋势是种类增多，成本降低，性能提高。其具体体现为：传统材料大有可为，新型材料亟待应用，新兴材料层出不穷；材料的通用化、标准化势在必行，可靠性、可维修性、低成本和环保性要求日趋严格。采用纳米技术的航空材料如图 2.23 所示。

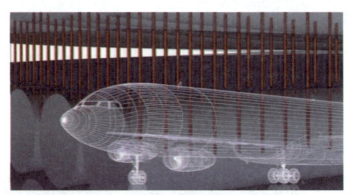

图 2.23　采用纳米技术的航空材料

【思考与练习】

　　1.古代社会有哪些具有进步意义的飞行器发明？

　　2.近代社会发展中关于民航发展的重要发明有哪些？

　　3.现当代社会民航技术的新发展有哪些？

第三章　中国民航的历史沿革与发展

【学习目标】
1. 了解我国民航业发展的历史。
2. 掌握我国民航历史发展进程中的重要事件及时间节点。

第一节　近代民航业的初步发展

【知识导航】

目前，我国民航业发展迅猛。相比之下，在内忧外患的晚清及北洋时期，我国民航业的发展虽然取得了一些成就，但却走过了一段艰难坎坷的历程。本节我们将了解我国民航事业的初步发展。

一、我国航空事业的发展（1840 ~ 1912）

1855 年（清朝咸丰五年），上海墨海书店刻印了英国医生著的《博物新编》，其中介绍了氢气球和巨伞图。1881 年创刊的《上海点石斋画报》发表过清末著名画家吴友如的时事画，其中《履险如夷》画有是气球升空的场面；《天上行舟》画的是航空设想。在我国最早介绍飞机的文章是 1901 年（光绪二十七年）石印的《皇朝经济文编》中的《飞机考》。1903 年以后开始出现翻译和编著的航空科学幻想小说，如鲁迅译的法国凡尔纳的《月界旅行》、海天独啸子译的日本押川春浪的《空中飞艇》等。

1. 气球

1887 年光绪十三年，天津武备学堂数学教习华蘅芳制成直径 5 尺（约 1.7 米）的气球，在灌入自制的氢气后成功飞起。这是我国人自制的第一个氢气球。1905 年光绪三十一年，湖广总督张之洞向日本购买了两个山田式侦察气球，在武昌阅马厂东兵营操场演放。1908 年，湖北陆军第八镇、江苏陆军第九镇和直隶陆军第四镇相继成立了气球队。同年 10 月，湖北气球队参加了太湖秋操。陆军大学还编印过一本《气球学》。

2. 飞艇

澳洲华侨谢缵泰从 1894 年起开始研究飞艇，1899 年完成"中国"号飞艇的设计。"中国"号飞艇用铝制艇身，靠电动机带动螺旋桨推进。谢缵泰没有得到清朝政府的支持，他不得已把"中国"号构造说明书寄给英国飞艇研究家，获得很高评价。

3. 飞机

1901—1911 年间，曾有一些华侨和留学生从事飞机的设计制造和学习飞行，其中比较突出的是冯如。在美国莱特兄弟制造飞机成功后，他深受影响。冯如于 1909 年 9 月造出一架飞机，9 月 21 日试飞成功，9 月 23 日《旧金山观察者报》以头版报道了他试飞的消息，倍加称赞。1910 年 10 月，他又造成一架飞机，试飞十余次。

在国外制造飞机的著名中国人还有谭根。他于 1910 年成功地设计和制造了水上飞机，夺得国际飞机制造比赛大会冠军，后在菲律宾创造了当时水上飞机飞行高度的世界纪录。

1）清朝末期的航空

1901—1911 年，清朝政府选派留学生出国学习驾驶飞机和航空工程，同时还鼓励学习其他专业的留学生在国外学习制造飞机。1910 年 8 月，清朝政府拨款在北京南苑庑甸毅军操场建筑厂棚，由刘佐成和李宝焌试制飞机一架，这是我国官方首次筹办航空。刘佐成和李宝焌是我国国内建立航空工厂和制造飞机的先行者。李宝焌还是我国航空学术的先导，1910 年发表了我国第一篇航空学术论文《研究飞行报告》。他重视各种问题的研究，如风气之力（空气动力）、活机（发动机）、向后焚烧而推前（喷气推进）、螺丝车拨（螺旋桨）等，特别是对喷气推进理论的预见很有见地。

2）革命航空队

1911 年 10 月辛亥革命爆发后，在华侨和留学生参加下曾组建 4 支航空队，分别是：① 广东军政府飞机队；② 湖北军政府航空队；③ 华侨革命飞机团；④ 上海军政府航空队。此外，武昌都督府还购买过日本军用飞艇，由早期的飞行家潘世忠主持装配和试验工作，在武昌南湖修建了飞艇库。

二、北洋政府时期的军事航空

我国航空事业的建立是从筹建空军开始的。辛亥革命以后在南京成立交通团飞行营。1913 年 3 月，飞行营调到北京，附设随营教练班和一个小修理厂。1913 年 9 月，正式成立南苑航空学校，这是我国第一所正规的航空学校，初期使用的是"高德隆"G-Ⅲ教练机。1919 年底，学校改由新成立的航空事务处领导，航空事务处出版的《航空》月刊是我国最早的航空刊物。1921 年，航空事务处扩大为航空署，统管飞行训练、机械维修和航空邮运航线等。南苑航空学校先后训练出 4 期飞行学员，共 159 人。

1. 广东军事航空

广东航空事业发展较早。辛亥革命后，有不少华侨飞行家从海外带飞机回国进行飞行表演和仿制飞机。1914年，孙中山在他领导的二次革命失败后侨居日本，在日本创办中华革命党飞行学校。1916年，为配合讨伐袁世凯，孙中山曾将全部飞机调到山东潍县，组织中华革命华侨义勇军飞机队。1920年，孙中山大元帅府下设航空局，8月组成飞机队，到1921年航空局已拥有2个飞机队，到1922年有水陆飞机10余架。在1924年国共两党合作后，广东的革命政府得到苏联的援助。苏联除供给飞机、弹械外，还派出教官协助培养人才。1924年7月，广东航空局在大沙头创办航空学校。1925—1927年，革命政府先后派30余人赴苏联学习航空技术。1926年，革命政府出师北伐，航空队在战争中起了一定作用。1927年以后，广东地方当局改组了广东航空学校和广东空军，于1936年将它们归属于国民党南京政府。广东航空学校从建校到1936年共招收7期正式飞行生，毕业生总计400余人。

孙中山于1923年亲笔题词"航空救国"，如图3.1所示。

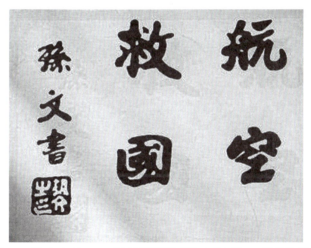

图3.1　孙中山于1923年亲笔题词"航空救国"，落款为孙文

2. 东北军事航空

1920年7月，东北成立航空处，1922年9月在沈阳创办东三省航空学校。1923—1926年选派飞行员40余人到法国和日本学习飞行。1928—1931年，东北航空学校并入东北讲武堂，先后改名为航空教育班和航空教导队。1923年，东北空军改组，由张学良将军任航空处总办。东北航空学校1926年在秦皇岛办过水上飞机队和东北海防训练班，有2种水上飞机。东北航空处在1925年创办《东北航空》季刊（后改为月刊），于1929年出版《东北航空画报》，这是我国最早的航空画报。东北空军实力较强，前后训练飞行员百余人，拥有各式飞机约300架，还培养了一批机械维修人员。在1931年日军侵占东北后，东北空军瓦解。

三、南京国民政府时期中国民航的创建和发展

国民党政府从 1928 年起开始建立军事航空力量，在军政部设立航空署，下辖 4 个航空队，有飞机 24 架。1929 年，在中央陆军军官学校附设航空班。1931 年 7 月，航空班扩编，改称军政部航空学校，同年底迁到杭州笕桥。1930 年底，航空署迁到杭州，扩编为 5 个航空队、1 个侦察队，有 2 个修理厂。1932 年缩编为 4 个航空队，同时设立航空站 23 处。1932 年 1 月 28 日，日本侵略军进攻上海，中国空军与日军多次空战。中国空军在杭州空战中击落日机一架；在苏州上空，美国波音公司试飞员 R. 肖特击毙日军小谷大尉后阵亡。1932 年 9 月笕桥航空学校扩大，改名为中央航空学校，聘请美国航空顾问团，采用美式训练方法。该学校约有各式飞机 90 架。1934 年将航空署迁往南昌，改称航空委员会。1935 年又聘请意大利空军顾问团在南昌成立意式飞行训练班，后迁洛阳，称中央航空学校洛阳分校，广东航校改称中央航空学校广东分校。1936 年，航空委员会迁回南京，蒋介石兼任委员长，宋美龄任秘书长。

四、抗日战争时期中国民航的发展

抗日战争开始时，中国空军共有 35 个队，飞机 305 架，可用于作战的有 188 架。1937 年 8 月 13 日，日军进攻上海。翌日拂晓，中国空军在长江口、杭州湾出击敌方舰队，与袭击杭州和广德机场的日本海军航空队相遇，在空战中，第 4 大队大队长高志航率所部机群 27 架分途拦击，击落日军 96 式轰炸机 3 架。到 8 月 16 日，中国空军 3 天共击落日机 46 架。第 2 大队分队长沈崇海对白龙港日舰进行轰炸，在飞机被击中后冲向敌舰，与敌舰同归于尽。苏联政府为援助中国的抗日战争，前后支援了伊 15、伊 16 驱逐机和斯勃 2 轰炸机各一批。中国空军自 11 月起陆续改用苏联飞机作战。11 月中旬，高志航率领首批伊 16 飞机 10 余架自兰州飞往南京途中与敌遭遇，不幸牺牲。

1938 年 1 月，苏联空军志愿队来华支援中国的抗日战争，在西北、华北、华中参战。在武汉保卫战中，中国空军与苏联志愿队共击落日机 62 架，中国空军也蒙受重大损失，著名飞行员李桂丹等人牺牲。在南昌空战中，击落日机 10 余架。1938 年 2 月，中苏混合机队轰炸台湾的日军松山机场和新竹电台。同年 5 月 19—20 日，第 14 中队长徐焕升等驾驶 2 架轰炸机远征日本，飞越长崎、佐世保、福冈等地上空，散发传单后安然返航。1937—1938 年共击落日机 200 余架。苏联志愿空军共有 4 个大队在中国对日作战，前后牺牲 100 余人，其中有飞行大队长拉赫曼诺夫和库里申科。1941 年，美国派志愿队来华，由 W.D. 鄱莱和 C.L. 陈纳德招募人员，组成美国志愿大队，绰号"飞虎队"。在持续半年的战斗中，约击落日机 200 架。1942 年 7 月，这个大队改为美国空军第 14 航空队。

珍珠港事件后，由于器材保障出现困难，空军军官学校飞行生自 1942 年第 12 期起在中级飞行训练后都被送往美国完成高级飞行训练。自 1942 年春天起转到印度旁遮普

邦腊河郊外民用机场进行飞行训练，成立分校。

军政部航空学校在 1931 年办过机械科。杭州中央航空学校第 2 期和第 4 期曾培训机械军人数达数十人。1936 年，在南昌成立航空机械学校，1939 年迁至成都，改名为空军机械学校。到 1948 年底，毕业生共 7000 余人；有各类实验室 20 余个和新、旧飞机 30 余架。

五、第三次国内战争时期中国民航事业的发展

新中国成立以前，我国民航业在北洋军阀政府和之后的南京国民政府的推动下有了一定发展，截止到抗日战争前，我国境内先后有过四个航空运输机构，合计约有 15000 千米国内航线以及一条通往河内的国际航线。1936 年，中国航空公司（以下简称中航）和欧亚航空公司（以下简称欧亚）的客运量达到了 28000 人次，货运量 250 吨和邮件运量 118 吨。相比 1931 年，客货运量均有了大幅增长。这个时期所有使用的民航飞机均为活塞螺旋桨型，主要包括德制容克型飞机、容克 F–13、容克 G–24、容克 W–33–34、容克 JU–52，与美制史汀生型飞机、DC–2 型飞机。

在抗日战争期间，随着国际形势的变化和战争局势的改变，中国民航经历了一段曲折的历史。其转折点就是 1941 年 12 月 7 日爆发的"珍珠港事件"。事变前，中国民航运输事业在挣扎中求生存，业务日益减少，欧亚发展已濒临绝境；而事变后，中航在"驼峰空运"中得到了发展的机会，并逐渐壮大了自己的力量。在这一时期，除老机型外，我国还引入了美制 DC–3、C–46、C–47 等新机型。

抗日战争胜利后，空军军官学校迁回杭州笕桥。1946 年，国民党政府发动内战，将国民党空军编成 8 个飞行大队、1 个照相技术中队、1 个侦察中队。在解放战争期间，国民党空军被中国人民解放军击毁飞机 190 架、缴获 189 架。

中央航空公司（以下简称央航）和中航获得了一定的喘息之机。抗战后期改组的央航公司因缺乏运力，要开展航空运输已是困难重重，实际可供使用的飞机只剩下两架。1945 年 11 月，央航通过向银行贷款等措施，买下了美军在印度的一批剩余物资，包括 C–45 型和 C–47 型运输飞机 8 架，再加上后来购买的 CV–240（即"空中行宫"）飞机，到 1949 年 10 月，央航已拥有 42 架运输飞机，运力已与中航旗鼓相当。

第二节　新中国成立后中国民航事业的发展与探索

【知识导航】

　　1949 年新中国以前，我国大陆用于航空运输的主要航线机场仅有 36 个，包括上海龙华、南京大校场、重庆珊瑚坝、重庆九龙坡等机场，而且设备简陋。除上海龙华和南京大校场机场可起降 DC-4 型运输机外，一般只适用于当时的 DC-2、DC-3 型运输机。这些机场历经多年的战乱破坏，急需改造和建设。

一、初创时期

　　1949 年 11 月 9 日，在中国共产党的号召下，"两航"员工发动起义，回归 12 架飞机，加上后来修复的国民党遗留在大陆的 17 架飞机，构成了新中国民航事业创建初期飞行机队的主体。"一五"时期，初步更新了机型。到 1957 年底，中国民航已拥有各类飞机 118 架，绝大部分机型为苏联飞机。在这一时期，中国民航重点建设了天津张贵庄机场、太原亲贤机场、武汉南湖机场和北京首都机场。北京首都机场于 1958 年建成，中国民航从此有了一个较为完备的基地。

　　"两航"起义归来人员与周恩来总理的合影如图 3.2 所示。

图 3.2　"两航"起义归来人员与周恩来总理的合影

二、调整时期

　　由于受"大跃进"的影响，中国民航在这一时期的头几年遭受了较大的冲击和挫折，主要问题是：忽视客观经济规律，造成比例失调；地方航线盲目下放各省、自治区管理；承担了大量非正常的航空运输；不讲经济效益，企业出现亏损。从 1961 年开始，民航系统认真贯彻执行中央"调整、巩固、充实、提高"的方针，使民航事业重新走上正轨，并取得较大的发展。

到 1965 年，国内航线增加到 46 条，国内航线布局重点也从东南沿海及腹地转向西南和西北的边远地区。通用航空的发展在这个时期稳步上升。1965 年末，中国民航拥有各类飞机 355 架。1959 年，中国民航购买了伊尔 –18 型飞机，标志着我国从使用活塞式螺旋桨飞机开始过渡到使用涡轮螺旋桨飞机。1963 年，中国民航又购买了英国的"子爵号"飞机，从而结束了长期以来只使用苏制飞机的状况。

为了适应机型更新和发展国际通航的需要，在此期间，新建和改建了南宁、昆明、贵阳等机场，并相应改善了飞行条件和服务设施，特别是完成了上海虹桥机场和广州白云机场的扩建工程。

三、曲折前进时期

在这一时期的前五年，民航受到了严重的破坏和损失。1971 年 9 月以后，中国民航在周总理的关怀下，将工作重点放在开辟远程国际航线上。到 1976 年底，中国民航的国际航线已发展到 8 条，通航里程达到 41000 千米，占通航里程总数的 41%；国内航线增加到 123 条。

1971 年，中国民航从苏联购买了 5 架伊尔 –62 飞机；1973 年又从美国购买了 10 架波音 –707 型飞机；此外，还从英国购买了三叉戟客机和从苏联购买了安 –24 型客机。中国民航各型运输飞机总数达到 117 架，能够较好地贯彻"内外结合、远近兼顾"的经营方针。

中国民航企业从 1975 年开始扭亏为盈，1975 年和 1976 年共获利近 3500 万元，从而扭转了长期亏损和依靠国家补贴的被动局面。

第三节　改革开放后中国向民航强国迈进

【知识导航】

改革开放以来，中国民航持续快速健康发展，规模、质量和效益跃上一个新台阶。

一、新的发展时期

党的十一届三中全会以后，中国民航事业加快了发展步伐，取得了很大的成绩。1980 年，邓小平同志指出，民航一定要走企业化的道路。同年 3 月，民航局再次改为由国务院领导的直属局。此后，中国民航在管理体制方面进行了改革，包括：为改变独家经营的局面，以原有 6 个管理局为基础，分别组建了 6 家国家骨干航空公司；积极支持各地、各部门创办航空公司；将机场和航务管理分开，机场成为独立的企业单位；航务管理归属政府部门，受地区管理局领导。民航（总）局作为国务院管理民航事业的部门，不再直接经营航空业务，主要行使政府职能，进行行政管理。

1980 年，中国民航购买了波音 –747SP 型宽体客机，标志我国的飞机使用已部分达到了国际先进水平。1983 年以后，通过贷款、国际租赁和自筹资金相结合的方式，购买了一批波音和麦道多种型号的先进机型，使中国民航使用的运输飞机达到国际先进水平。与此同时，中国民航淘汰了一批老型号的飞机，加快了机型更新速度。到 1990 年末，中国民航已拥有各型飞机 421 架，其中运输飞机 206 架，通用航空和教学校验飞机 215 架。

我国大、中型客机的引进，客观上要求民航机场有一个与之相适应的发展水平和配套设施。我国民航机场出现了前所未有的兴旺局面，截至 1990 年底，有民航航班运营的机场总数达到 110 个，其中可起降波音 –747 型飞机的机场有 7 个。

"八五"期间，中国民航继续保持持续、快速发展的势头。到 1995 年，全行业完成运输总周转量 71.4 亿吨公里，旅客运输量 5117 万人次，货邮运输量 101 万吨，五年年均增长率分别为 23.4%、25.3%、和 22.2%。航线总数达到 797 条。

"八五"时期是我国民用飞机数量增长最快的时期之一。1995 年末，我国民用飞机总架数达到 852 架，其中运输飞机 416 架、通用航空和教学校验飞机 436 架，运输飞机商载总吨位 7900 吨，飞机座位数 6.05 万个。五年融资租赁飞机 198 架，利用外资 72 亿美元；使用车船飞机购置贷款 86.4 亿元，购置飞机和特种车辆。我国民航飞机维修业务也具备了对我国部分在用飞机、发动机的 D 级检修和大修的能力。

"八五"期间共完成基本建设和技术改造投资 320 亿元，新建、迁建机场 19 个，改扩建机场 15 个，同时，新开工了一些大型机场建设项目。到 1995 年末，有航班运营的机场 139 个，其中能起降波音 –747 飞机的机场有 14 个，能起降波音 –737 飞机的机场有 81 个。

二、2002 年至今的高速发展时期

2002 年，我国航空运输实现快速增长，全行业完成运输总周转量、旅客运输量和货邮运输量达到 162 亿吨公里、8425 万人次和 198 万吨，比上年分别增长 14.9%、12% 和 15.8%，均高于年初预期。2018 年，中国民航完成运输总周转量 1206.4 亿吨公里，旅客运输量 6.1 亿人次；货邮运输量 738.5 万吨，其中国际航线货邮运输量同比增长 9.3%。截至 2018 年 12 月 31 日，全行业飞机达 6053 架。其中，运输飞机 3638 架，通用飞机 2415 架；全国颁证运输机场 235 个，其中，旅客吞吐量千万级机场共 37 个，同比增加 25 个，三千万级机场 10 个。航空运输的快速增长主要得益于国民经济各项指标"全线飘红"，运输需求增长较多；此外，新增生产能力的投入和使用也是增长加快的推动因素。

　　我国民航的增长与世界民航特别是欧美地区民航的增长态势形成鲜明的对比。世界民航业由于受恐怖主义和世界经济低迷的影响，回升乏力。据国际民航组织（ICAO）的统计，中东地区是世界上航运发展最慢的地区，因为受到了竞争环境等众多因素的影响，比如，竞低油价和紧张的地缘政治局势。2002年至今，我国民航系统已完成以下三大体制改革任务：一是民航行政管理体制改革。按照精简、统一、效能的原则，完成民航地区管理局机构改革和省（区、市）航空安全监管办公室的组建。民航总局加快职能转变，对内设机构进行适当调整，重新界定各部门的职能；进一步清理和减少行政审批；大力推进依法行政。二是机场管理体制改革。完成试点工作，总结经验后全面推开。三是机场公安管理体制改革和组建空中警察部队。民航机场公安下放地方公安管理。以上各项改革的顺利完成，促进了适应社会主义市场经济要求的新型民航管理体制的形成。与此同时，企业改革也在持续推进。

　　经过几十年的发展，我国民航经历了从无到有、从小到大、从弱到强的发展历程。我国民航机型也从美制、苏制、德制发展到今天全型号的先进机型，并生产出自主研发的飞机。这是我国国力昌盛的体现，也是一代又一代民航人励精图治、团结奋斗的成果。

【思考与练习】

　　1. 中国民航事业的初步发展阶段经历了怎样的历程？

　　2. 南京国民政府时期，中国民航事业的发展具有什么特征？

　　3. 改革开放以后，中国民航事业快速发展的原因是什么？

第四章 航空器的概念和分类

【学习目标】

1. 了解民用航空器的分类，以及航空发动机的分类和工作原理。

2. 掌握飞机的结构组成，以及直升机、自转旋翼机、飞行伞三种飞行器的特点。

3. 初步了解飞机系统的基本知识。

第一节 航空器的基本飞行原理

【知识导航】

飞行器（Flight Vehicle），是指在大气层内或大气层外空间（太空）飞行的器械。飞行器分为三类：航空器、航天器、火箭和导弹。

航空器（Aircraft），是指能在大气层内进行可控飞行的飞行器。

航天器（Spacecraft），是指在太空飞行的飞行器。

一、飞行升力的产生

任何航空器都必须产生大于自身重力的升力才能升空飞行，这是航空器飞行的最基本原理。

轻于空气的航空器如热气球、飞艇等，其主要部分是一个大大的气囊，里面充满密度小的气体（如热空气、氢气等），就如同我们小时候玩的氢气球一样，可以依靠空气的浮力升上天空。远在一千多年前，我们的祖先便发明了孔明灯，可以算得上是最早的航空器了。

然而，对于重于空气的航空器如飞机，又是靠什么力量飞上天空的呢？

飞机之所以能飞上天空，是因为它受到空气动力的作用，任何物体只要和空气之间产生相对运动，空气就会对它产生作用力，这个力就是空气动力。比如风筝、竹蜻蜓等的飞行情况。

空气动力产生原理如图 4.1 所示。

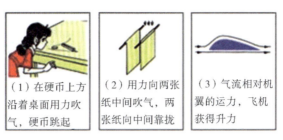

（1）在硬币上方沿着桌面用力吹气，硬币跳起　　（2）用力向两张纸中间吹气，两张纸向中间靠拢　　（3）气流相对机翼的运动，飞机获得升力

图 4.1　空气动力产生原理

由以上实验可知，空气流动越快，产生的压力越小。飞机飞行时，有些空气经过机翼上部，有些经过下部，机翼上缘弧度比下缘弧度大，即气流经过上缘的路程长，这样一来，机翼上部气流流速较快，压力较小；下部气流流速较慢，压力较大。正是由于这种上下的压力差，飞机产生了升力。

二、良好飞行的条件

一个稳定飞行的飞行器，其身上会有各种力的相互抵消，主要有四个力：重力、升力、推力和阻力。

以飞机为例，当飞机飞行时，升力部分（机翼升力占绝大部分）提供的总升力大于飞机总重力；发动机提供的动力大于飞机总阻力；飞机具有良好的操作稳定性（各舵面的相互协调作用）。这就是飞机良好飞行的条件。

第二节　航空器的分类

【知识导航】

　　航空器有许多种类，如热气球、飞艇、固定翼飞机、直升机等，其中有比空气重的，也有比空气轻的，它们飞行升力的产生是不同的。航空器多种多样，具体如何进行分类呢？

一、航空器分类

根据航空器获得克服重力的升力方式不同，可将其分为以下两大类：

（1）轻于空气的飞行器。不需要和空气有相对运动，依靠浮力克服重力，也叫作静力飞行器。

（2）重于空气的飞行器。需要和空气有相对运动，依靠空气相对运力产生的空气动力来克服重力，也叫作动力飞行器。

航空器的分类如图4.2所示。

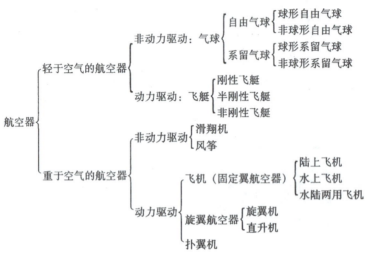

图 4.2　航空器分类

1. 轻于空气的航空器

1）气球的分类

轻于空气的航空器有：气球和飞艇。
气球分为自由气球和系留气球；
飞艇分为刚性飞艇、半刚性飞艇和非刚性飞艇。

人类最早依靠气球飞上天空，但由于气球上没有动力装置，并不能控制方向，所以现在气球仅仅在气象观测、庆典活动、体育活动等场合中使用。由于氢气的成本较低，使用的大多为氢气球。

（1）按气囊中填充的不同气体进行分类

① 热气球：加热气囊中的空气，使之密度变小而升空。

② 氢气球：气囊中填充比空气密度小的氢气、氦气或天然气，使其升空。

（2）按照是否被固定进行分类

① 自由气球：气球升空后不加控制，只能随风漂移。主要用于气象观测、庆典活动等。如图4.3所示。

图 4.3　自由气球

②系留气球：升空后有绳索系留在地面。主要用于广告、庆典活动等。

3）飞艇

和气球一样，飞艇也是依靠空气的浮力实现升空的，但它安装有以螺旋桨为推进装置的发动机，按照操纵者的意愿飞往目的地，大多数使用氦气。

系留气球和飞艇如图 4.4 所示。

图 4.4　系留气球和飞艇

2. 重于空气的航空器

重于空气的航空器有风筝、滑翔机、飞机（固定翼航空器）、旋翼航空器和扑翼机。

飞机又分为陆上飞机、水上飞机和水陆两用飞机。

旋翼航空器又分为旋翼机和直升机。

（1）风筝：世界上最早的航空器，已有 4000 多年历史。相传墨翟以木头制成木鸟，研制三年而成，是人类最早的风筝起源。后来鲁班用竹子改进了墨翟的风筝材质。直至东汉期间蔡伦改进造纸术后，坊间才开始以纸做风筝，称为"纸鸢"。风筝的出现证明了重于空气的物体飞上天空的可能性。

（2）滑翔机：滑翔机是不安装动力装置、带有固定机翼、重于空气的航空器。它的升空主要是依靠其他机械（如飞机、绞盘车）的牵引或是从高处下滑来实现，能够依靠滑翔时与空气的相对运动获得升力，以维持空中的飞行。滑翔机的本质就是不带动力装置的飞机。如图4.5所示。

图 4.5　滑翔机

（3）飞机：飞机是最主要的航空器，它的诞生宣告了人类进入航空时代，使人类的航空事业大步迈进。目前在民用航空器中，飞机的数量占到了98%以上。如图4.6、图4.7所示。

图 4.6　现代飞机

图 4.7　水上飞机

（4）旋翼航空器：与固定翼飞机不同，旋翼航空器没有固定的机翼，它产生升力的部分是可以旋转的叶片，类似于螺旋桨。目前的旋翼航空器主要有旋翼机和直升机两种。如图 4.8、图 4.9 所示。

图 4.8　旋翼机

图 4.9　直升机

（5）扑翼机：扑翼机是人类仿造鸟类飞行而制造的机翼可以上下扑动的航空器。只是在试验的样机中出现过，由于控制、材料、结构方面遇到的各种困难，目前扑翼机只能是一种处在研制试飞阶段，并没有实用价值的机种。扑翼机设计图如图 4.10 所示。

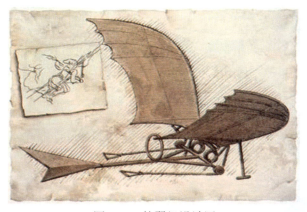

图 4.10　扑翼机设计图

二、民用飞机分类

虽然航空器有很多种，但在民用航空中主要使用的是飞机，只有很小一部分使用直升机，其他种类的航空器可以忽略不计，因而我们在以后的民用航空器讨论中主要针对民用飞机，也对民用直升机有所涉及。民用飞机主要分为以下两类：

（1）用于商业飞行的航线飞机。航线飞机又称为运输机，主要分为运输旅客的客机、运送货物的货机和客货兼载的客货两用机。

（2）用于通用航空的通用航空飞机。通用航空是指使用民用航空器从事公共航空运输以外的民用航空活动，包括从事工业、农业、林业、渔业和建筑业的作业飞行以及医疗卫生、抢险救灾、气象探测、海洋监测、科学实验、教育训练、文化体育等方面的飞行活动。

第三节　固定翼飞机的基本结构

【知识导航】

自世界上出现飞机以来，虽然其结构不断改进而使其外形不尽相同，甚至相差极大，但其主要组成部分却大体一致，都包括机身、机翼、尾翼、起落架、动力装置、操纵系统和机载设备等。

一、飞机的机体组成

飞机的机体结构通常包括机身、机翼、尾翼和起落架。

1. 机身

机身是飞机的一个重要部件，它的主要功用是：固定机翼、尾翼、起落架等部件，使之连成一个整体；同时，它还用来装载人员（机组人员、旅客）、货物、燃油及各种设备。

机身在一般情况下呈长筒形状，前面部分是机头，装置驾驶舱用来控制飞机；中部是中机身，用来装载旅客、货物、燃油及各种必需的设备；后部的后机身则与尾翼相连。此外，根据载客量的大小，机身上还装有相应数量的舱门、窗口和其他检修飞机及供货的进出口。如图 4.11 所示。

图 4.11　常规民航飞机的机体形状

　　早期的飞机不需要密闭，都使用矩形窗口，后来由于航行高度提升，机舱就要进行密封加压。加压下的机舱为了保持压力平衡，必须做成圆筒形。而矩形的窗口在机舱中因为压力变化时四个角的受力会不均匀，易导致机体受损，而圆角就能解决这个问题。如图 4.12 所示。

图 4.12　飞机的窗口

　　飞机上的窗口都由三层玻璃组成，并在机舱内侧设置一个透气孔，以实现外层玻璃和中层玻璃之间的压力平衡。所以只有外层玻璃在承受着来自机舱的压力，而中层玻璃则用于应对紧急状况。

　　2. 机翼

　　机翼是飞机的重要部件之一，安装在机身上。在现代客机上，它除了提供升力外，还是飞机油箱和起落架舱的安放位置。另外，在机翼上还安装有改善起飞和着陆性能的襟翼与用于飞机横向操纵的副翼，有的还在机翼前缘装有缝翼等增加升力的装置。

　　根据机翼在机身上安装部位和形式的不同，可以把飞机分为下单翼飞机（机翼安装在机身下方）、中单翼飞机（机翼安装在机身中部）、上单翼飞机（机翼安装在机身上部）三类。早期的飞机多为双翼机或三翼机，现代的民航运输机多为下单翼飞机。机翼的分类如图 4.13 所示。飞机的机翼结构如图 4.14 所示。

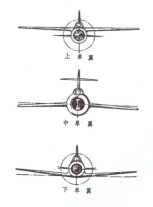

图 4.13　机翼的分类

图 4.14　飞机的机翼结构

3. 尾翼

尾翼是安装在飞机尾部的一种装置，可以增强飞行的稳定性。大多数尾翼包括水平尾翼和垂直尾翼，也有少数采用 V 形尾翼。尾翼可以用来控制飞机的俯仰、偏航和倾斜，以改变其飞行姿态。尾翼是飞行控制系统的重要组成部分。

尾翼是飞机尾部的水平尾翼和垂直尾翼的统称。水平尾翼由固定的水平安定面和升降舵组成，用以保持飞机纵向的稳定和控制飞机抬头或低头运动；垂直尾翼由固定的垂直安定面和活动方向舵组成，用以保持飞机的航向和控制飞机的左右活动。如图 4.15 所示。

图 4.15　飞机的尾翼

4. 起落架

起落架是安装于飞机下部，用于起飞、降落或地面（水面）滑行时支撑飞机并用于地面（水面）移动的附件装置。起落架是唯一一种支撑整架飞机的部件，因此，它是飞机不可或缺的一部分；没有它，飞机便不能在地面上移动。当飞机起飞后，可以视飞行性能而收回起落架。

起落架是飞机起飞、着陆、滑跑、地面移动和停放所必需的支持系统，是飞机的主要部件之一，其性能直接关系到飞机的使用和安全。如图 4.16 所示。

图 4.16　飞机的起落架

二、飞机的动力装置

飞机的动力装置是指飞机发动机以及保证飞机发动机正常工作所必需的系统和附件的总称。其组成取决于所用飞机发动机的类型，主要包括以下系统或装置：飞机发动机及其启动、操纵系统，飞机燃油系统，飞机滑油系统（亦称"外滑油系统"，仅活塞式航空发动机和涡轮螺旋桨发动机使用），防火和灭火系统，飞机发动机散热装置，飞机发动机固定装置，进气和排气装置。

飞机的动力装置是飞机的核心组成部分，它包括发动机、辅助动力装置及其他附件，其中，最主要的部分是发动机，所以人们说发动机是飞机的"心脏"。

第四节　飞机的动力系统——活塞式航空发动机

【知识导航】

动力装置是飞机的核心部分，是飞机的"心脏"。动力装置是指为飞机飞行提供动力的整个系统，包括发动机、辅助动力装置及其他附件，其中最主要的是发动机。

一、发动机简介

1. 发动机的发展历史

自从飞机问世以来，发动机得到了迅速的发展，主要表现在三个方面：① 早期的低速飞机上使用的是活塞式发动机；② 出现了可以推动飞机以超音速飞行的喷气式发动机；③ 运载火箭上安装的可以在外太空工作的火箭发动机。

2. 发动机的功用

（1）给飞机提供推力；
（2）驱动附件：油泵、发电机等；
（3）提供气源：供给空调和增压等。

活塞式航空发动机是指提供航空器飞行动力的往复式内燃机。它是一种四冲程、用火花塞点火的汽油发动机。活塞式航空发动机都是多气缸发动机，最少有 4 个气缸，多者可达 28 个。

从 1903 年世界上第一架飞机诞生到第二次世界大战末期，所有飞机都用活塞式航空发动机作为动力装置。20 世纪 40 年代中期以后，安装在军用飞机和大型民用飞机上是燃气涡轮发动机逐步取代了活塞式航空发动机，但由于小功率活塞式航空发动机比燃气涡轮发动机经济，所以它在轻型低速飞机上仍得到应用。

二、活塞式航空发动机工作原理

活塞式航空发动机主要由气缸、活塞、连杆、曲轴、气门机构、螺旋桨、减速器、机匣等组成。

活塞式航空发动机工作原理如图 4.17 所示。

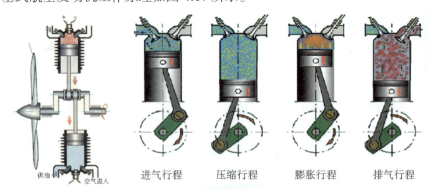

进气行程　　　压缩行程　　　膨胀行程　　　排气行程

图 4.17　活塞式航空发动机工作原理

活塞式航空发动机大多是四冲程发动机，即一个气缸完成一个工作循环，活塞在气缸内要经过四个冲程，依次是进气冲程、压缩冲程、膨胀冲程和排气冲程。

（1）进气过程中，活塞下移，进气门打开，油气混合气吸入汽缸；

（2）接着活塞上移，进气门关闭，压缩气体；

（3）在压缩行程末期，电咀跳电火花点火，混合气很快燃烧，开始膨胀行程，推动活塞向下移动，从而通过连杆带动曲轴旋转，输出功率；

（4）在排气行程中，活塞上移，排气门打开，废气排出外界。

活塞式航空发动机是利用汽油与空气混合，在密闭的容器（气缸）内燃烧、膨胀做功的机械。活塞式航空发动机必须带动螺旋桨，由螺旋桨产生推（拉）力。所以，作为飞机的动力装置时，发动机与螺旋桨是不能分割的。如图 4.18 所示。

螺旋桨由叶片组成，叶片的横断面相当于机翼的翼型，它相对于空气运动时，把空气向后排开，空气的反作用力给它一个向前的拉力，从而推动飞机运动。

三、活塞式航空发动机的特点

活塞式航空发动机主宰了 20 世纪上半叶，

活塞动力装置=发动机+螺旋桨

图 4.18　活塞动力装置

功不可没。活塞式航空发动机使飞机实现首次动力飞行，开创了人类航空的新纪元。在两次世界大战中，各类活塞式作战飞机发挥了巨大作用。运输机、客机、邮政机相继出现，开创了民用航空的新领域。第二次世界大战末期，活塞式航空式航空发动机年产量达到几十万台，装备了数百万架各类飞机。

活塞式航空发动机固有的缺陷限制了它在飞机上的发展。

1. 功率与重量的矛盾

一方面，随着飞行速度的进一步提高，要求发动机功率进一步增大；另一方面，随着活塞式航空发动机功率的增加，将导致发动机重量迅速增大，这已经不能满足飞机对发动机重量轻的要求。

2. 螺旋桨的局限

当飞行速度接近 800 千米 / 小时时，螺旋桨的桨尖速度已接近声速，形成激波阻力和振动，导致螺旋桨工作不稳定，推进效率急剧下降。

由于上述两方面原因，活塞式航空发动机限制了飞行速度的进一步提高。采用活塞式航空发动机的螺旋桨飞机，其飞行速度不可能接近声速，更不可能达到或超过声速。当时一些飞行员曾经试图用活塞式飞机突破"声障"，均以失败而告终。飞机要想实现超声速飞行，必须期待新型动力的出现。喷气式发动机由此应运而生。

声障又称音障，当飞机在飞行速度接近声速时，会出现阻力剧增、操纵性能变坏和自发栽头的现象，飞行速度也不能再提高，因此人们曾以为声速是飞机速度不可逾越的障碍，故有此名。音障现象如图 4.19 所示。

图 4.19　音障现象

由于声波的传播速度是有限的，移动中的声源便可追上自己发出的声波。当物体速度增加到与音速相同时，声波开始在物体前面堆积。如果这个物体有足够的推力，便能突破这个不稳定的声波屏障，冲到声音的前面去，也就是突破音障。1947 年，查理耶格尔驾驶火箭发动机推进的贝尔 X–1 机首次突破声障。

四、辅助动力装置

机载辅助动力装置（APU）用于各类运输机上，安装在一台小型涡轮发动机上，装在飞机机身尾部。

基于它的能力限制，在地面工作时，辅助动力装置可以提供电源和气源，用于启动主发动机及飞机空调用气，以使飞机减少对地面设备的依赖。当飞机在空中飞行到一定高度以后，它可以提供电源、气源。如果飞行高度继续增加，到一定高度后，它仅能提供电源。

第五节　飞机的其他系统

【知识导航】

飞机构造复杂，除了前面讲到的系统外，还有液压系统、飞行操纵系统、座舱环境控制系统、防冰排雨系统、燃油系统、防火系统、飞机电子系统等。

一、液压系统

飞机大型化以后，依靠驾驶员操纵控制各操纵面，仅凭体力去搬动驾驶杆、踏踩脚蹬、拉动钢索，使副翼或方向舵转动，那是绝对办不到的了。此时飞机上就出现了助力机构。飞机上的绝大部分助力机构采用的多为液压传动助力系统。

飞机液压系统通常用来收放起落架、襟翼、减速板和操作机轮刹车以及操纵舵面的偏转。液压系统作为操纵飞机部件的一个系统，具有许多优点，如重量轻、安装方便、检查容易等。

二、飞机座舱环境控制系统

随着飞行高度的增加，大气压下降，大气中的含氧量下降，在4000米高度上普通人体中的氧气已经不能维持正常的活动，出现缺氧症状。因而在飞行高度超过6000米以上的飞机必须采用环境保护措施来保障旅客和机组人员的生命安全，这种保障系统我们称之为座舱环境控制系统。

1.氧气系统

为旅客供氧一般采用连续供氧系统，采用化学式氧气发生器作为氧气源。客机上为旅客使用的氧气面罩储存在座位附件中，通常在天花板上，一旦舱内气压降低到4500米高空气压时，氧气面罩会自动从上面落下。

2. 增压座舱

增压座舱的气源来自发动机，喷气式飞机由发动机的压气机引出的气压来加压，活塞式发动机则备有专用增压器为座舱增压，座舱压力保持在1800~4000米的高度。

现代飞机座舱内的压力高度一般保持在1800~2400米，以保证旅客的舒适。

3. 空调系统

空调系统的功能是保证座舱内的温度、湿度和CO_2浓度，保障舒适、安全的飞行环境。空调系统由加热、通风、除湿等部分组成。

三、警告系统

警告系统是用来提醒飞行机组人员在飞行中出现了需要采取措施或注意的情况。飞机碰撞失事主要有两种情况：① 空中飞机与飞机之间相撞；② 飞机与地面之间的碰撞。

警告系统分为以下两类：

（1）空中交通警戒与防撞系统（TCAS）。主要用于显示邻近飞机与本机的间距与航向，若是与其他飞机的距离或航向有相撞的危险时，TCAS会用声音及显示警告驾驶员，并且会用语音指示避撞的动作。驾驶员通过这些信息可及时得到警告，采取措施防止空中相撞。

（2）近地警告系统（GPWS）。是向驾驶员提供飞机在以不安全的方式或速度靠近地面的警告，防止因疏忽或计算不全面而发生触地事故，增加飞机的安全性。

四、防冰排雨系统

防冰排雨系统的功用是：防止飞机上的关键部位出现结冰，防止雨水停留在风挡上，使飞机在下雨和结冰条件下能正常工作。

飞机防冰区域主要包括大翼前缘、发动机前缘整流罩、大气数据探头、驾驶舱风挡、水管及排水管。

排雨区域是驾驶舱正前方的两块风挡。防冰排雨系统包括大翼防冰系统、发动机整流罩热防冰、大气数据探头防冰、驾驶舱风挡的防冰和除雾、风挡排雨系统。如图4.20所示。

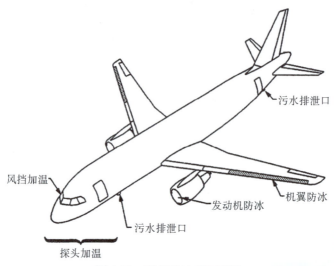

图 4.20　飞机防冰排雨系统

五、电气系统

1. 电源系统

飞机电源系统包括以下两种类型：
（1）直流电源系统——应用于早期飞机和现代小型飞机，是 28V 直流电。
（2）交流电源系统——应用于现代飞机，115V、400Hz 交流电。
飞机上的电源由主电源、辅助电源和应急电源组成。
主电源是由主发动机带动发电机供电；辅助电源是飞机上的辅助动力装置带动一台发电机在发动机不运转时能在地面或紧急状况下提供电力；应急电源一般是由蓄电池构成的独立电源。

2. 配电线路系统

这个系统包括导线组成的电网、各种配电器具和接头以及检查仪器。
飞机上的输电线路使用单线制，取代了过去的双线制，即用电设备只有一根导线，而回路则用金属机体作为地线，从而节省了大量的导线。

3. 用电系统

机上的用电设备主要有电动机、电子仪器设备、照明系统、电加热设备几类。

六、飞机防火系统

无论是在飞行中还是在地面上，火对飞机来说都是最危险的威胁之一。通常在动力装置和机体的某些部位上安装固定式火警探测器和灭火设备，以便对可能的"火区"进行防护。在旅客客舱和机组人员座舱内，则配备足够数量的轻型灭火器（即可以移动的手提式灭火设备）。

一个完整的飞机灭火系统主要包括火警探测和灭火实施两大部分。

七、飞机电子系统

飞机电子系统是指为完成飞行任务所需要的各种机载电子设备。飞机电子系统的工程难度和成本比普通电子系统高得多。

1. 飞机通信系统

飞机通信系统主要用以实现飞机与地面之间、飞机与飞机之间的相互通信，也用于进行机内通话、旅客广播、记录话音号以及向旅客提供视听娱乐信号等。它包括飞行内部的通话系统，其中有机组人员之间的通话系统，对旅客的广播和电视等娱乐设施以及飞机在地面时机组和地面维护人员之间的通话系统。

飞机通信系统分为飞行内话系统、勤务内话系统、客舱广播与旅客娱乐系统。如图4.21 所示。

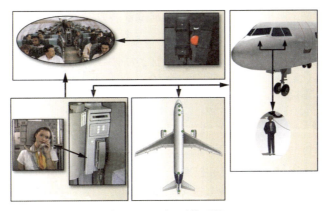

图 4.21　飞机通信系统

2. 飞行信息记录系统——黑匣子

飞行信息记录系统，简称飞行记录器，俗称"黑匣子"，是飞行数据记录器和驾驶舱语音记录器的总称。飞行数据记录器记录飞行时的各种参数。驾驶舱语音记录器把驾驶舱内发生的声音和飞行的各种性能数据记录在磁带上。

驾驶舱语音记录器收集驾驶舱的音频信号，放大后输入磁带记录器，记录器至少有四个磁道，分别记录正、副驾驶员的通话声音和驾驶舱内其他音响。按规定记录介质（磁带、静态固体存储器等）上应能记录 4~25 小时的信息，循环使用。

这些磁带记录器存储在一个耐热抗震的金属容器中，也就是通常所说的"黑匣子"。

容器涂着国际通用的警告色——橘红色，飞行器表面有"FLIGHT RECORDER"，容器要求能承受 1000 克的过载冲击，30 分钟 1100℃高温；海水浸泡 30 天而不进水，并带有自动信号发射器和水下超大型定位标，在失落后 30 天内发射信号，以便搜寻人员寻找。如图 4.22 所示。

图 4.22　黑匣子

3. 导航系统

飞行安全是民航的第一位要求，因而对导航提出了高要求，为此不断改进空中和地面的导航系统，以进行全面的空中交通管理，使飞机能安全、正点地离场和到达预定地点。

导航系统从广义上讲包括所有为飞机确定位置、方向的设备，而从狭义上讲只包括在航路上使用的设备。

民航飞机常用的导航方法有：无线电导航、惯性导航、卫星导航。

4. 自动飞行控制系统

自动飞行控制系统用来全部或部分地代替飞行员控制和稳定飞机的角运动和重心运动，是能改善飞行品质的反馈控制系统。这种系统除具有自动驾驶仪功能外，还能改善飞机的操纵性和稳定性，实现航迹控制、自动导航、地形跟随、自动瞄准和武器投放、自动着陆和编队飞行等功能。自动飞行控制系统由传感器、计算机、执行机构、自动回零系统、耦合器和控制盒等部分组成。

第六节　直升机

【知识导航】

与普通飞机相比，直升机在外形和飞行原理上都有所不同。一般来讲，它没有固定的机翼和尾翼，主要靠旋翼来产生气动力。

直升机是一种旋翼航空器,它的升力和前进的动力是由发动机带动的旋翼提供的。直升机可以垂直起降,能在空中向前、后、左、右各个方向运动,在一定高度还能够在空中悬停。它机动灵活,可以在山顶、峡谷、海上采油平台起降,也可以在地面、水面上悬停,因而获得了广泛的应用。

但是直升机的构造较飞机复杂,飞行效率低,飞行品质差,速度低,振动和噪声水平高,因而在航空运输上仅用于地形复杂的地区、或满足地面交通拥挤的城市中心到其他地区的特殊需要。和飞机相比,直升机所占数量比例很小。

一、直升机分类

直升机按构造可分为两大类:单旋翼带尾桨式直升机、双旋翼式直升机。

图 4.23　单旋翼带尾桨式直升机

1.单旋翼带尾桨式直升机

单旋翼带尾桨式是目前最流行的形式。这种直升机顶部有一个大的旋翼,机身后伸出一个尾梁,在尾梁上装一个尾部旋桨(简称尾桨)。尾桨的作用是平衡由于旋翼旋转而产生的使机身逆向旋转的扭矩。如图 4.23 所示。

2.双旋翼式直升机

双旋翼的直升机有多种形式,有两个旋翼共轴的、两个旋翼交叉的、两个旋翼横列的和两个旋翼纵列的。它们的共同点是有两个旋翼,两个旋翼的旋转方向相反,从而使旋翼的反作用力矩相互抵消,保持机身不动。如图 4.24 所示。

目前以纵列式的使用较多,即两个旋翼沿机身长度方向排列,它的重心移动范围大、机身长,可以把直升机做得很大;共轴式的紧凑,但操纵复杂,在小型直升机上有较多的应用。

图 4.24　双旋翼式直升机

二、直升机结构

以单旋翼直升机为例，直升机的构造分为机身、动力装置、旋翼、起落装置、传动和操纵系统、尾梁和尾桨。

机身包括驾驶舱和机舱，机舱用来装载人员、货物和其他设备。机身把直升机的各部分连在一起，和飞机机身的构造大体相同，最大的不同在于飞机机身的最大受力部位在机翼和机身的结合部，而直升机的最大受力部位在机身顶部旋翼的桨毂和机身结合部。

直升机的动力装置要提供旋转扭矩，使旋翼和尾桨旋转，早期的直升机和现在的小型直升机都使用活塞式发动机。喷气式发动机出现以后，直升机使用涡轮轴发动机。对于直升机的发动机，除要求重量轻和耗油率低之外，由于直升机经常用于短途飞行，它的工作场所离地面近，因而要求发动机部件有良好的耐疲劳性能和抗腐蚀性能。直升机结构如图 4.25 所示。

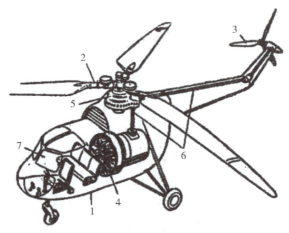

图 4.25　直升机结构

1- 机身；2- 主旋翼；3- 尾桨；4- 发动机；5- 旋翼头；6- 传动系统；7- 驾驶舱

旋翼是直升机最关键的部位，它既产生升力，又是使直升机水平运动的拉力的来源。旋翼旋转的平面是升力面又是操纵面。

三、直升机的特点

直升机是有以下特点：
（1）直升机的速度远低于飞机；
（2）直升机的耗油率比飞机高；
（3）维护费用也高；
（4）在飞行性能方面无法和飞机相比；
（5）使用场地灵活，对地形的适应性高。

直升机在通用航空中占有不可缺少的重要位置，在复杂地形和拥挤城市区域的短途运输中也发挥着很大作用。

直升机的速度远低于飞机的原因是什么呢？直升机的飞行速度受到多种因素限制，首先是旋翼直径很大，翼尖的线速度很高，再加上相对气流的速度，高速飞行时很容易接近音速，桨叶承担不了这样的阻力。此外，由于旋翼的倾斜角度不可能很大，发动机的大部分功率用于提供升力，提供拉力的比例不可能太大，因而直升机的速度远低于飞机。迄今为止，直升机的最高飞行速度也只有 400 千米 / 小时左右，其速度通常在 300 千米 / 小时以内。

第七节　自转旋翼机

【知识导航】

自转旋翼机，英文为 Autogyro，也常被称作旋翼飞机（Gyroplane）或是旋翼飞行器（Gyrocopter），是一种利用前飞时的相对气流吹动旋翼自转以产生升力的旋翼航空器。

从外形看，旋翼机和直升机几乎一模一样，机身上方安装有大直径的旋翼，在飞行中靠旋翼的旋转产生升力。但是除了这些表面上的一致性，旋翼机和直升机却是两种完全不同的飞行器。

旋翼机实际上是一种介于直升机和飞机之间的飞行器，除去旋翼外，它还带有推进螺旋桨，以提供前进的动力，有时也装有较小的机翼，在飞行中提供部分升力。自转旋翼机如图 4.26 所示。

图 4.26　自转旋翼机

　　旋翼机与直升机的最大区别是，旋翼机的旋翼不与发动机传动系统相连，发动机不是以驱动旋翼为旋翼机提供升力，而是在旋翼机飞行的过程中，由前方气流吹动旋翼旋转产生升力，像一只风车，旋翼系统仅在启动时由自身动力驱动，称之为预旋，起飞之后靠空气作用力驱动；而直升机的旋翼与发动机传动系统相连，既能产生升力，又能提供飞行的动力，像一台电风扇。由于旋翼为自转式，传递到机身上的扭矩很小，所以旋翼机无须像单旋翼直升机那样的尾桨，但是一般装有尾翼，以控制飞行。

　　有的旋翼机在起飞时，旋翼也可通过"离合器"同发动机连接，靠发动机带动旋转而产生升力，这样可以缩短起飞滑跑距离。等升空后再松开离合器随旋翼在空中自由旋转。旋翼机飞行时，升力主要由旋翼产生，固定机翼仅提供部分升力。有的旋翼机甚至没有固定机翼，全部升力都靠旋翼产生。

　　旋翼机的飞行原理和构造特点决定了它的速度慢、升限低、机动性能较差，但它也有一些优点，比如，安全性较好，震动和噪声小，抗风能力较强。

　　由于旋翼机旋翼旋转的动力是由飞行器前进而获得，如果发动机在空中停车，旋翼机仍会靠惯性继续维持前飞，并逐渐降低速度和高度，在高度下降的同时，自下而上的相对气流可以维持旋翼的自转，从而提供升力。这样，旋翼机便可凭飞行员的操纵安全地滑翔降落。即使在飞行员不能操纵，旋翼机失去控制的特殊情况下，它也可以较慢速度降落，因而是比较安全的。当然，直升机也是具备自转下降安全着陆能力的。但它的旋翼需要从有动力状态过渡到自转状态，这个过渡要损失一定高度。如果飞行高度不够，那么直升机就有可能来不及过渡而触地。旋翼机本身就是在自转状态下飞行的，不需要进行过渡，所以也就没有这种安全转换所需要的高度约束。

　　由于旋翼机的旋翼是没有动力的，所以它没有由于动力驱动旋翼系统带来的较大的震动和噪声，也就不会因这种震动和噪声而使旋翼、机体等的使用寿命缩短或增加乘员的疲劳。旋翼机动力驱动螺旋桨对结构和乘员所造成的影响显然比直升机动力驱动旋翼要小得多。另外，旋翼机还有一个很有优势的特点，就是它的着陆滑跑距离大大短于起飞滑跑距离，甚至可以不需要滑跑而就地着陆。

　　旋翼机的抗风能力较高，而且在起飞时，风有利于旋翼的启动和加速旋转，可以缩短起飞滑跑的距离。当达到足够大的风速时，一般的旋翼机也可以垂直起飞。一般来说，旋翼机的抗风能力强于同量级的固定翼飞机，而大体上与直升机的抗风能力相当，甚至在气流和大风中的飞行能力超出直升机的使用极限。

第八节　飞行伞

【知识导航】

飞行伞是滑翔伞和动力伞的总称，其飞行动力主要是风、气流、重力和飞行员的操纵，从而实现滑翔飞行。

飞行伞运动起源于20世纪中后期，在欧洲一些有高空跳伞经验的登山者，在登顶后携带高空伞一跃而下，享受翱翔的快乐。部分登山者借着山脊强风，也能在空中飞行一段时间，于是通过滑翔翼经验的积累并改良伞具，发展成一种新的飞行运动——飞行伞。当时的飞行伞性能并不好，滑降比约1∶3，也就是下降1米滑行3米，而它的形状又与高空跳伞所使用的伞具外形类似。但发展至今，飞行伞的外观与性能较之从前已经大不相同。

一、滑翔伞

很久以前，人类为寻找一双翅膀进行过无数次的思考和探索。在古老的中国大地上，留下了像"驾车遨游太空"、"嫦娥奔月"等许多关于人类尝试飞行的美好传说。滑翔伞的诞生，为人类插上了飞翔的翅膀，人们自由地翱翔于天空，享受着"脱离"地球引力的宁静与美妙。

滑翔伞盛行于欧洲，当时，一些登山者从山上乘降落伞滑翔而下，体验到了一种美好的感觉和乐趣，从而创立了一个新兴的航空体育项目。最初的滑翔伞是借鉴飞机跳伞使用的翼型方伞，它主要以下降为主，下降速度快，安全性能好。通过二十多年的发展和演变，现在的滑翔伞最长飞行时间17小时，最远飞行距离超过300千米。它体现了一

图4.27　滑翔伞

种人与自然的交流，备受崇尚自然者的喜爱。如图4.27所示。

近几年，西方国家的这项运动发展很快，像瑞士、奥地利、德国、西班牙等发达国家都拥有众多的飞行高手。

在亚洲，日本、韩国、中国的台湾省等经济发达国家和地区的滑翔伞运动十分普及。20世纪80年代末，滑翔伞运动传入中国大陆并迅速发展，现在注册的航空俱乐部有50多个，正式会员1400多人，经常从事滑翔伞飞行者达数千人，在中国东北、长三角、珠三角长期有民间高手飞行。随着滑翔伞运动的逐渐普及，包括央视在内的很多电视媒体都对这一运动进行过专题报道。

二、动力伞

动力伞，主要由滑翔伞与发动机两大部分组成，全称为"动力滑翔伞"。动力伞飞行所使用的器材是迄今为止人类可控飞行最容易掌握的有动力载人的最小飞行器，是风靡世界的极限运动之一。目前国内注册的动力伞飞行员有450多名。如图4.28所示。

图4.28　动力伞

Paramotor（动力伞）源自英文Paragliding（滑翔伞）和motor（摩托）。顾名思义，动力伞是在滑翔伞上加配了动力装置。1978年，法国登山家贝登先生发明了滑翔伞，使人类翱翔蓝天的梦想得以实现。然而，人们在欢喜之余发现，滑翔伞的飞翔与梦想中的自由飞翔仍有距离，最主要的一点就是不能在平地自由起降，起飞受山坡条件的制约。1984年，一群充满浪漫与幻想的法国滑翔伞爱好者，给滑翔伞加挂了一个小型发动机，利用发动机带动螺旋桨的推力和滑翔伞伞翼的升力，使平地"自由起降"不再成为问题，达到了飞得更高、更远，留空时间更长的目的，从而创立了这项新兴的航空体育项目。

动力伞飞行是一项集技能、体能、智能于一体的时尚体育运动，同时也是一项勇敢者的运动。作为一种飞行器，动力伞有续航时间长、造价低、雷达反射面小、载荷大等特点。

动力伞作为新型户外广告媒体，可以在客户指定区域做低空盘旋飞行，还可以由数架组成编队飞行，景象尤为壮观。动力伞一般飞行20~80米高度，伞面可绘制广告和标识，当飞行员驾驶动力伞飞临宣传空域时，轰鸣的马达声，直接、醒目的广告语，将给人的视觉和听觉以强烈的冲击感，令观众印象深刻。

三、飞行伞与降落伞、滑翔翼的区别

飞行伞和降落伞不是一回事儿。飞行伞有点像一个现代化的、可以操纵的空中滑行降落伞，但它与降落伞有几点重要的不同之处，具体如下所述。

（1）结构：飞行伞是一种起降设备，因此没有 DROUGE 伞或滑件，其构造也更为轻盈（因为它不需要承担高速降落中猛然打开时的冲力）。飞行伞的伞衣气室较多，伞绳也较细。

（2）起飞方式：飞行伞一定要在一个有落差的山坡上逆风起飞，借着向前跑的速度及风吹的速度，产生将伞翼往上提的升力后，便会将人带离地面。而高空跳伞必须要有航空载具，如飞机、热气球等。

（3）开伞程序：飞行伞在起飞前，已将伞衣打开铺在地面。高空跳伞是跳离载具后，经过一段自由落体后（或立刻）将伞衣由伞包中拉出。

（4）飞行性能：飞行伞可盘旋、滑翔、爬升、越野、滞空，降落伞仅能下降。

（5）外观：飞行伞的翼展较长，形状接近梭形，还有一些飞行伞的翼展为长方形，且上方多一个小小的引导伞，在跳伞员的头顶上有一块方形的减震布，用来减轻伞翼张开时的震动。

飞行伞与滑翔翼的区别如下：

（1）滑翔翼有一个刚性框架，能保持翼体的三角形的形状。飞行伞的伞衣则靠空气压力维持其梭形、椭圆形、橄榄形的形状。

（2）滑翔翼的空气动力学结构较为明朗，其飞行速度比飞行伞要快得多。

（3）滑翔翼的飞行员一般悬挂在翼体下方俯式飞行，其身体外包着一个像虫蛹似的吊袋。飞行伞的飞行员一般是坐在一个椅子式的鞍具上（有时为仰式），胸前有两根吊袋与伞衣连接。

（4）操纵方式：滑翔翼是利用身体的重心移动来操纵，前推为加速，后拉为减速，左移为左转，右移为右转。飞行伞则是利用两条操纵绳来操纵，拉左手为左转，拉右手为右转，拉双手为减速。

【思考与练习】

1. 飞行器的概念和分类是什么？
2. 航空器分为哪两大类，各包括哪些类型的飞行器？
3. 飞机的机体结构包括哪些部分？
4. 飞机的动力装置包括哪几部分？
5. 飞机的发动机有什么作用？
6. 直升机、旋翼机、飞行伞的概念是什么？

第五章　公共航空运输企业

【学习目标】
1. 了解公共航空运输业的性质。
2. 了解国内航空运输系统的运行及构成。
3. 掌握航线、航班的基本概念。

第一节　公共航空运输企业的构成

【知识导航】

　　公共航空运输企业，英文是"airways company"，是指以营利为目的，使用民用航空器运送旅客、行李、邮件或者货物的企业法人。在我国设立公共航空运输企业，应当向国务院民用航空主管部门申请领取经营许可证，并依法办理工商登记；未取得经营许可证的，工商行政管理部门不得办理工商登记。

　　公共航空运输企业基本组织结构包括飞行与航务、机务维修、市场营运和行政管理四个部分。

一、公共航空运输企业的基本概念

　　公共航空运输企业是指利用民用飞机为主要手段从事生产运输，为社会机构和公众提供服务并获取收入的企业，即航空公司。根据主营业务的不同，航空公司可以分为三类：客运航空公司、货运航空公司和通用航空公司。

二、公共航空运输企业的基本构成

　　航空公司的基本业务职能及相对应的基本组织结构包括飞行与航务、机务维修、市场营运和行政管理四个部分。

1. 飞行与航务机构

飞行与航务机构负责处理整个公司有关飞行和空中服务的事务，一般分为以下四个部门。

（1）飞行人员的管理机构：针对本公司使用的机型及现有飞行人员的状况进行科学有效的日常管理，制订符合公司正常运营所要求的飞行人员工作计划。在我国各航空公司中，飞行人员管理机构的名称多为"飞行总队"、"飞行大队"、"飞行部"等，是航空公司飞行人员最为集中的地方。

（2）空中乘务人员的管理机构：其任务是对公司乘务人员进行日常管理，并根据公司不同机型对乘务人员的配备要求进行安排，保证公司正常运营对乘务人员的数量和技能水平要求。在我国各航空公司中，名称多为"乘务部"或"客舱服务部"，或在飞行机构中设置的"乘务大队"或"乘务中队"。

（3）空中交通和安全部门：负责飞行安全的检查、保障导航设备的完好和无线电通信的畅通，以保证公司飞机飞行的安全。在我国各航空公司中，名称多为"航空安全技术部"或"飞行安全监察处"。

（4）飞行程序和训练部门：制定与执行程序和标准、安排模拟器训练与飞行训练及管理人员训练。我国航空公司中多设置"飞行标准部"或"运行监察处"等。

2. 机务维修机构

主要任务是负责保持航空公司飞机处于"适航"和"完好"状态并保证航空器能够安全运行。

"适航"意味着航空器符合民航部门有关适航的标准和规定；"完好"表示航空器保持美观和舒适的内外形象和装修。日常的机务维修如图 5.1 所示。

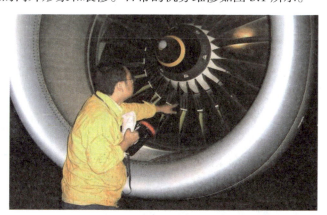

图 5.1 日常的机务维修

机务分为随机机务和地面机务两个部分。地面机务维修部门分为两级，一级是维修工厂，它具备大型维修工具和机器以及维修厂房，负责飞机的大修\拆换大型部件和改装；二级是就线维修，也称为外场维修，飞机不进入车间。航线上对运行的飞机进行维护和修理，分为航线维护和初级的定期维修。航线维护包括航行前、航行后和过站维护。航行前和过站维护主要是检查飞机外观和飞机的技术状态，调节有关参数，排除故障，添加各类工作介质（如润滑油、轮胎充气等）。航行后维护也叫过夜检查，主要目的是排除空、地勤人员反映的运行故障和做飞机内外的清洁工作。

定期维修一般按飞行小时或起落架次分为 A、B、C、中检、D 检等级别。其中 A、B、C 检称为低级检修，通常在外场进行。各类检查的飞行间隔时间因机型而定。如波音 737 规定 A 检为 200 小时，没有 B 检，C 检为 3200 小时。定检时飞机停场，按规定检查或更换一些部件。高级定期检查指中检和 D 检，是飞机长期运行后的全面检修，必须在维修基地的车间内进行，飞机停场时间在 10 天以上。D 检是最高级别的检修，对飞机的各个系统进行全面检查和装修。由于 D 检间隔一般超过 1 万飞行小时，很多飞机在 D 检中进行改装或更换结构和大部件。

维修工作是保证飞行安全的重要一环，维修部门的工作要严格按照有关规定认真负责地进行。对每架飞机上的每个重要部件都要有详细的状态记录，及时排除故障才能保障航班顺利运行。而对于要停场进行定检的飞机要做好计划，以便和整个公司的运营协调。

小型航空公司可以没有自己的维修基地，设置机务部门处理日常维护，把高级的定检和修理工作委托给专门的维修公司或大航空公司维修基地完成。

3. 市场营运机构

市场营运机构管理着航空公司整个运输的销售、集散和服务环节，航空公司的收入主要依靠这些环节来完成，分为以下五个部门：

（1）广告和市场部门，负责媒体上和实际工作中的广告策划，以及研究和预测市场情况，制订航班计划和确定实际运价。

（2）销售部门，负责客运和货运的销售，并协调代理客货运公司、其他航空运输公司之间的业务。

（3）运输服务部门，负责飞机客舱的乘务服务物品的配发和机场及地面的各项服务。

（4）饮食服务部门：有的公司有自己的专门配餐系统，有的则需要和一些当地食品公司签订供应合同。由于食品服务对航空公司的声誉和服务质量影响很大，大多数航空公司都设有专门的饮食服务部门。

（5）各地区的办事处及营业部：在航线业务繁忙的地区或城市，航空公司都设立办事处。这些办事处作为二级机构负责当地的上述各项业务。

4. 行政管理机构

行政管理机构是航空公司的核心管理部门，负责整个航空公司的管理和运行，一般分为以下部门：

（1）财务管理部门，管理公司的财务收入和支出、公司的资产、公司的采购和备件仓库等。作为一个企业，财务管理是经营中的重要一环，管理的好坏决定公司能否生存和发展。

（2）人事管理部门，其任务是除了制定政策为各个岗位选择和安排适当人员外，还要负责培养和培训人员。目前多改设为人力资源部。

（3）计划管理部门，主要负责对公司发展有较长期影响的规划、财务收支、成本控制、资本运作等问题进行研究，提出方案，制订计划。

（4）公共关系部门：是公司对外宣传和联系的部门，对公司的企业形象有直接影响。多由企业的办公室、公共事务部或宣传部门组成。

（5）信息服务部门，现代航空企业的发展，对信息有大量需求，没有现代化的信息服务和管理部门的航空企业就不算是一个现代化企业，会被市场淘汰。这个部门要包括数据库的管理和系统分析，前者搜集信息，存储对各部门有用的信息；后者对信息分析处理，并对一些专门问题找出解决方案，同时还需要一定量的计算机编程人员。我国各航空公司多设立"信息服务中心"。

（6）法律部门：处理航空公司相关的法律问题，其中处理财产债务关系、货物损失、人身伤亡以及有关航空法规的事务是工作中的主要内容。

（7）卫生部门：按对飞行人员和空勤人员的特殊身体要求，对他们进行核查，负责在选拔时和选拔后的定期检查。此外还负责全体职工的健康和航线上的紧急救护。目前有些航空公司为了节约开支，把其中的主要任务交由社会医疗办理，公司只保留有限人员负责紧急救护。

第二节　航线与航班

【知识导航】

航线，英文是"airway"，是飞机预定要飞行的路线，飞机在任何两个地点之间确定的飞行线路就是航线。

航班，英文是"flight"，是飞机从始发航站起飞，经过中间的经停站，最后到达终点站的经营性运输飞行。

一、航线的定义和分类

航线是指飞机预定要飞行的路线，飞机在任何两个地点之间确定的飞行线路就是航线。民航航线可以分为国际航线、国内航线和地区航线三大类。

（1）国际航线：是指飞行的路线连接两个国家或两个以上国家的航线。在国际航线上进行的运输是国际运输，一个航班如果它的始发站、经停站、终点站有一点在外国领土上都叫作国际运输。

（2）地区航线：是指在一国之内，各地区与有特殊地位地区之间的航线。如我国内地与港、澳、台地区的航线。

（3）国内航线：是指在一个国家内部不同地点间的航线。它又可以分为干线、支线和地方航线三大类。

① 国内干线：连接国内航空运输中心的航线。这些航线的起止点都是重要的交通中心城市；这些航线上航班数量大、密度高、客流量大，如北京—广州航线、北京—上海航线和上海—乌鲁木齐航线等。

② 国内支线：指将各中、小城市和干线上的交通中心连接起来的航线。支线上的客流密度远小于干线；支线上的起止点中有一方是较小的机场，因而支线上使用的客机大都是 150 座以下的中、小型飞机。

③ 地方航线：把中、小城市连接起来的航线。由于客流量很小，一般使用 50 座左右的飞机。它和支线的界限不是很明确，过去一般把省内航线称为地方航线，现在国外把支线和地方航线统称为区域性航线。

二、航线的开辟和设立

航线的开辟是指在原来没有航线的情况下，建立各种基础设施和服务系统，使航空器得以运行，这项工作主要由民航主管部门统一规划并协调工作的进程。如修建机场、建立导航台、开发空管服务系统等都需要前期的大量研究，内容涉及经济发展、政治与军事需要、开辟的可能性（包括政治上的和技术上的）、运行后的使用量等。建立机场和航路设施都需要大量投资，如果和国外通航，还要和外国政府协商并签订相应的通航协议。因此开辟新航线主要由民航主管部门确定，但航空运输的需求是开辟航路时要考虑的主要因素。

航线的设立是指在航路已经开通的前提下，作为一个航空企业是否要经营这条航线上的运输。一个航空公司是否设立一条航线，首先应考虑这条航线的市场状况，包括市场的大小、市场的预测、市场的竞争情况及可能占据的市场份额。其次是技术要求，包括要有什么样的机队、选用什么样的机型及相应的维修训练等配套设备和各类专业人员的水平。第三，在前两项要求都满足后应作出合理的班次计划，测算收入及利润水平。在决定投入航线后，向主管部门申请，经审查批准后，就可以开航。

三、航线网

把航线相互连接，成为一个网络来最大限度

图 5.2　航线网

地利用航路，既能方便旅客，又能扩大市场，如图 5.2 所示。从航空运输企业方面来看，要考虑市场需求，希望建立自己的航线网；而从政府方面来看，要考虑利用调控手段使航线网布局合理，既要照顾到政治上和社会上的需求，还要避免热线上的恶性竞争和垄断。航线网主要有城市对型和中心辐射型两种。

1. 城市对型

城市对型是最早的航线网形式，即两个城市间开通往返航班，把城市两两连接起来组成一个航线网。这种形式在世界上大量应用。我国的航线网主要是这种形式。它的优点是操作简单，航线之间互不相关，控制容易，特别是在航线的准入和退出上政府的控制容易实行。其缺点是对航路资源和旅客资源不能有效地组织和利用。例如，两个中等城市，它们不是城市对，没有直达航线，致使旅客往往因转机或中途住宿而放弃乘飞机旅行而采用其他运输形式。

2. 中心辐射型

中心辐射型，这种方式首先是在政府放松对航线准的美国出现的，航空公司选择几个大的交通中心作为它的中心枢纽航站，由这些中心构成航线网的骨架，其他中、小城市和相距最近的枢纽航站设立支线，这些支线上的航班和干线航班在时间上紧密相连，这样就构成了中心辐射型的航线网。其优点是改进了运载率，增大了航线网的覆盖面，提高了公司的竞争力，有利于吸引中小城市的长途旅客，充分利用了航路和旅客资源。其缺点是加重了机场高峰时期的负荷，对大城市间的长途旅客增加了换机次数，使得小航空公司在干线上的竞争力减弱，政府的调控也变得困难。

四、航班的定义及分类

飞机从始发航站起飞，经过中间的经停站，最后到达终点站的经营性运输飞行叫作航班。航班按不同的性质有多种分类方法。

（1）按经营区域分类，可以分为国际航班、国内航班和地区航班。

① 始发站、经停站或终点站中有一站以上在本国国境以外的航班称为国际航班。

② 始发站、经停站或终点站全部在一国境内的航班称为国内航班。

③ 始发站、经停站或终点站中有一站在一国内有特殊安排的地区中的航班称为地区航班，如我国的香港、澳门、台湾。

（2）按经营的时间分类，可以分为定期航班和不定期航班。

① 定期航班指列入航班时刻表中有固定时间运行的航班。定期航班又分为长期定期航班及季节性定期航班。

长期定期航班在我国执行的时间为两年，在此期间内班期、时刻、航班号，不能随意更改，要确保航班的正常性，如有旅客，不论人数多少都要飞行。如遇特殊情况需要改变，也必须事先通报，并取得批准。

季节性航班指根据季节不同有不同时刻、班期安排的航班。航班的时刻和班次按季节进行重新安排。我国按冬春、夏秋两季，一年安排两次。

② 不定期航班也称为包机飞行，是没有固定时刻的运输飞行，是根据临时性任务进行的航班安排。

一个航空公司的主要业务和信誉建立在定期航班的基础上，因而空管部门和签派部门在航班安排发生矛盾时，优先的顺序为长期定期航班、季节性定期航班，最后是不定期航班。

【思考与练习】

1. 公共航空运输企业的基本构成包括哪些内容？
2. 航线的定义和分类是什么？
3. 航班的定义是什么？

第六章　通用航空

【学习目标】

1. 了解通用航空发展概况。
2. 了解通用航空企业的组织形式。
3. 了解通用航空在国民经济各行业中的具体应用。

第一节　通用航空概述

【知识导航】

通用航空（General Aviation），是指除军事、警务、海关缉私飞行和公共航空运输飞行以外的民用航空活动，包括从事工业、农业、林业、渔业、矿业、建筑业的作业飞行和医疗卫生、抢险救灾、气象探测、海洋监测、科学实验、遥感测绘、教育训练、文化体育、旅游观光等方面的飞行活动。

自从人类社会产生以来，人们幻想着像雄鹰一样插上翅膀遨游蓝天的愿望始终没有停止过。从古代土火箭的发射，到美国莱特兄弟发明的人类历史上第一架飞机的腾空，从苏联第一颗人造卫星的上天，到中国"神舟"号载人飞船的成功，都是人类对太空追求的一次次成功的尝试。人类社会的进步、科学技术的发展，特别是航空事业的腾飞，帮助人们将遨游蓝天的愿望变成现实。作为民用航空的重要组成部分，通用航空在人们生产、生活中发挥着越来越重要的作用。

一、通用航空的产生与发展

第一次世界大战结束后，一些国家陆续将飞机用于工农业生产，揭开了通用航空的序幕。1920 年以后，在美国和欧洲出现了大量的私人飞机，有的大公司和企业开始用给自己的飞机为高级员工提供交通服务，出现了公务航空。为了向私人和企业的飞机提供维修和燃油、买卖二手飞机、飞机租赁等服务，在美国出现了以机场为基地的通航服务站，形成了完整的通用航空供需市场。

第二次世界大战后，由于航空技术的高速发展和大量飞机转为民用，通用航空得到迅猛发展，通用航空应用的领域更加广泛，除了在农业方面从事更多的工作之外，还发展了空中游览服务等业务。1950年，直升机进入了通用航空市场，大大拓宽了通用航空服务的范围，开始有了海上石油平台的服务，山区或无机场地区的救援、联络、空中吊挂等服务内容。由于跨国公司的出现，公务航空也得到了巨大的发展。

通用航空产业是经济发达国家的重要支柱产业。在美国，通用航空产业对经济GDP贡献率已经达到1%，并呈现加速发展态势。未来，通用航空产业将引领继动力交通后人类交通运输的"第四次革命"。

除美国外，加拿大、澳大利亚、巴西等领土面积与我国接近的国家都是通用航空发展大国。这些国家的通用航空产业发展路径与美国类似，通用航空产业都经历了超过20年的快速增长，最终成为国民经济的重要增长点，并带动大量就业，对制造、电子、旅游等相关产业形成巨大拉动作用。国外研究称，通用航空产业的投入产出比达到1∶10。

从全球比较看，我国通用航空产业与美欧等发达国家和地区仍存在巨大差距，仍处于快速发展初期。统计数据表明，我国的机场密度仅为0.23/10000平方千米，平均每个机场服务人口近600万；但巴西（发展中国家）的机场密度已达到2.9/10000km²，平均每个机场服务人口仅为7.6万，其发展水平也远高于我国。

二、通用航空的概念与特点

航空分为非民用航空和民用航空，非民用航空是指军用、警用、海关等领域的航空活动；民用航空是指除用于执行军事、海关、警察飞行任务以外的航空活动。民用航空可分为公共运输航空和通用航空。

中华人民共和国国务院、中华人民共和国中央军事委员会于2003年1月10日颁布《中华人民共和国通用航空飞行管制条例》，自2003年5月1日起开始施行。该条例第三条对通用航空的定义是："所谓通用航空，是指除军事、警务、海关缉私飞行和公共航空运输飞行以外的民用航空活动，包括从事工业、农业、林业、渔业、矿业、建筑业的作业飞行和医疗卫生、抢险救灾、气象探测、海洋监测、科学实验、遥感测绘、教育训练、文化体育、旅游观光等方面的飞行活动。"

通用航空因其机动灵活、快速高效的特点，在工农业生产和其他领域中有着地面机械和人工作业无法比拟的优越性和不可替代的作用。世界通用航空发展的历史表明，国家的科技水平以及地方国民经济的发展直接影响其通用航空产业的发展。通用航空作为一种先进的生产工具和技术手段，未来在经济和社会发展中将发挥越来越重要的作用。

通用航空是民用航空的重要组成部分，因而首先具备民航的特点，即高速性、机动性、安全性、公共性、舒适性、国际性等。另外，通用航空的最大优势就是其通用性，它适用于工农业生产、人们的文化生活、科学研究等各个领域和各个方面。对于工农业生产来说，它直接参与工农业生产活动，是工农业生产活动的重要组成部分；对于交通运输来说，它优于其他各种交通运输方式，不受地理等自然条件的影响；对于人们文化生活来说，它渗透于人们生活的各个领域，是其他任何交通运输方式无法替代的。

从事通用航空活动，应当具备下列条件：

（1）有与所从事的通用航空活动相适应的，符合保证飞行安全要求的民用航空器；

（2）有必需的依法取得执照的航空人员；

（3）符合法律、行政法规规定的其他条件，从事经营性通用航空限于企业法人。

三、通用航空的种类与性质

通用航空应用范围十分广泛，其《通用航空经营许可管理规定》（交通运输部令2016年第31号），共四大类31项，具体如下所述。

（1）甲类

陆上石油服务、海上石油服务、直升机机外载荷飞行、人工降水、医疗救护、航空探矿、空中游览、公务飞行、私用或商用飞行驾驶执照培训、直升机引航作业、航空器代管服务、出租飞行、通用航空包机飞行。

（2）乙类

空中游览、直升机机外载荷飞行、人工降水、航空探矿、航空摄影、海洋监测、渔业飞行、城市消防、空中巡查、电力作业、航空器代管、跳伞飞行服务。

（3）丙类

私用驾驶员执照培训、航空护林、航空喷洒（撒）、空中拍照、空中广告、科学实验、气象探测。

（4）丁类

使用具有标准适航证的载人自由气球、飞艇开展空中游览；使用具有特殊适航证的航空器开展航空表演飞行、个人娱乐飞行、运动驾驶员执照培训、航空喷洒（撒）、电力作业等经营项目。

其他需经许可的经营项目，由民航局确定。

四、通用航空的地位与作用

通用航空是民用航空的重要组成部分。通用航空发展水平的高低，是一个国家科学技术发展水平、经济发展水平和人民生活水平高低的重要标志，在社会和经济发展中具有重要的地位。

通用航空在推动社会政治、经济、文化、教育、体育等事业发展方面，发挥着越来越重要的作用。通用航空为经济发展和建设提供基础性、超前期性的服务；为发展农林牧副渔业生产提供空中作业服务；为海洋和陆地石油资源开发提供后勤保障服务；为旅游事业提供游览飞行服务；为危险和突发事件的处理发挥重要的作用。

第二节　工农业航空作业

【知识导航】

　　通用航空以其服务多样、起降要求低、灵活机动的飞行方式赢得社会上许多其他行业的青睐。

一、工业航空

　　凡是服务于工矿企业和基本建设的通用航空统称之为工业航空。借助通用航空器从空中俯瞰摄影或利用磁带记录探测地形、测绘地图，这种方式既减轻了从业人员野外工作的艰苦，又极大地提高了测绘的准确度，使工作效率成百倍地增长。我国通用航空发展历程可以追溯到 1912 年，当时航空界的先驱冯如驾驶自制的飞机在广州燕塘进行飞行表演，揭开了我国航空事业的序幕。目前国内的任何大规模建设项目，如城市规划、水利建设、铁路建设、输油输气管线的建设等等，在开发早期的土地资源调查中，工业航空都是必不可少的。

　　1. 航空探矿

　　航空探矿是"航空地球物理勘探"的简称，是使用装有专用探测仪器的飞机或直升机，通过从空中测量地球各种物理场（磁场、电磁场、重力场、放射性场等）的变化及矿物所发出的射线等特性，了解地下地质情况和矿藏分布状况的飞行作业。利用航空探矿可以探测到石油、铁矿、铀矿等多种重要矿藏。

　　2. 航空巡视

　　航空巡视就是按预先设计的区域和时间范围，使用装有专用仪器的飞机、直升机对被监测目标进行空中巡逻观察的作业飞行。具体作业项目有道路、铁路、输电线路、运输管道等的空中巡查与监测。比如，海洋监测就是国家海洋管理机构使用装有专用仪器的飞机、直升机对领海和专属经济区内海洋污染、使用情况进行空中巡逻监测和执法取证的作业飞行。

　　3. 航空服务

　　直升机是工业航空中使用非常多的航空器。如在海上石油的开发中，直升机扮演了一个相当重要的角色。20 世纪 70 年代以后，由于世界性的石油需求促进了在近海开采石油事业的发展，在海上架起了巨轮般的海上采油平台。平台上工作人员的轮换、食品供应、医疗救援以及设备吊装等许多工作都要依靠直升机提供服务。与船舶运送相比，直升机既安全又快捷，所以被大量用于海上石油开采业。现在全世界生产的石油有 1/5 来自近海油田，它们使用的直升机数量占民用直升机总数的 1/5，是民用直升机的大用户。因为海上采油平台面积有限，海上的风向变化又大，周围还有平台的钢制构架，直升机的驾驶员在这种环境中飞行要十分小心，所以对从事这种飞行的驾驶员的操作技术要求较高。

4. 航空作业

由于可以在空中悬停，直升机还可从事空中吊装作业，这是其他航空器所不能的。例如，吊装高层建筑物的大型预制件、高压输电铁塔、过江的铁索、林地中的木材等。利用直升机可以完成过去很难做到的一些事情，而且还节约了大量资金。吊装作业使用的直升机都是大中型的，甚至还有专门为吊装作业设计的专用直升机。

工业航空作业直升机如图 6.1 所示。

图 6.1　工业航空作业直升机

二、农林业航空

为农林牧渔各行业服务的航空活动统称为农业航空。1918 年，美国人用飞机喷洒药物，帮助农民消灭农作物害虫，从此掀开了农业航空的第一页。

1. 航空喷洒（撒）

航空喷洒（撒）是利用航空器和其安装的喷洒（撒）设备或装置，将液体或固体干物料，按特定技术要求从空中向地面或地面上的植物喷雾和撒播的飞行作业过程。主要用于农林牧业生产过程中，具体作业项目有飞机播种、空中施肥、空中喷洒植物生长调节剂、空中除草、防治农林业病虫害、草原灭鼠、防治卫生害虫等。我国是农业大国，自 1949 年新中国成立以后，国内通用航空的主要业务就是农业航空。使用飞机对受灾区域喷洒灭虫剂消灭蝗虫、森林害虫，不仅速度快而且效率高。大面积内防治病虫害，首选的就是采用航空作业方式。另外，人工降水也是航空喷洒中非常典型的一种。

2. 航空播种

我国西北广大地区交通不便，缺水干旱，为了改变生态环境，就使用飞机播撒草种和树种，节约了大量的人工成本，收到了很好的效果。飞机在这些地广人稀的地区还可以播种一些粗放的植物，如牲畜饲料所需的农作物和牧草等。到了 20 世纪 60 年代以后，农业航空扩展到精细农作物的种植。例如，用飞机播种代替传统上费时费力的水稻插秧，用空中喷洒除草剂代替人工稻田除草作业、空中施肥等。水稻种植的劳动生产率得到大大提高。美国因农业劳动人工成本太高，一度放弃国内的水稻种植，大米全部进口，后来使用了航空作业，到 20 世纪 70 年代末期，一跃而成为世界上主要的稻米出口国之一。农林业航空作业飞机如图 6.2 所示。

图 6.2　农林业航空作业飞机

3. 航空监护

使用飞机或直升机和专用仪器设备并配备专业人员，在林区实施林火消防，以保护森林资源。它具有机动灵活、快速高效等优点，是保护森林资源的强有力的措施。主要作业项目有巡护飞行、索降灭火、机降灭火、喷液灭火、吊桶灭火等。

4. 其他农林业航空

通用航空还用于林区的护林、监控及灭火，在海上捕捞作业时对鱼群的监测，对野生动物的保护监视，人工降雨等诸多方面。总之，农林业航空作业改善了农、林、渔业的作业方式，对提高劳动生产率及捉使农业现代化起到了很大的推动作用。

第三节　飞行训练

【知识导航】

飞行训练就是对飞行人员进行驾驶技术和机载设备空中操作的训练。从广义来说，它包括一切飞行人员的专业训练，通常所谓的飞行训练是指对驾驶员的训练，一般包括飞行前训练和空中飞行训练两个部分。飞行前训练的目的是为空中飞行训练打好基础。空中飞行训练是从熟悉飞机开始，经过教员带飞、放单飞（学员单独驾机飞行），再进行其他高级驾驶技术训练。

一、飞行训练简史

飞行训练始于 20 世纪初。1909 年，美国陆军与飞机发明家莱特兄弟签订合同，由莱特兄弟教会两名军官驾驶飞机；同年，法国也有 10 名陆军军官开始飞行训练。1910—1913 年，德、俄、美、英、法、意、日等国相继成立军事航空学校，开始有组织的飞行训练。那时没有专门的教练机，学员先在地面接受教员指导，学会使用飞机的操纵系统，接着驾飞机在机场上来回滑行，待熟练后，再单独驾机离开地面飞行。当时训练人数有限，安全水平也比较低。第一次世界大战初期，出现了双座教练机，创造了先由教员带飞，然后由飞行员单独飞行的训练方法，使大规模地训练飞行员成为可能。到 1916 年，英、法、德、意等国都能成百名地训练飞行员。从第一次世界大战末期到第二次世界大战期间，欧洲主要国家和美、日等国陆续建立一系列训练机构，逐步形成各自的飞行训练体系。第二次世界大战以后，随着航空装备的不断改进和更新，飞行训练的组织日益复杂，物资、技术器材的消耗量剧增。当时的飞行训练主要是研究和掌握复杂的航空技术兵器和装备，训练各种飞行人员。

二、飞行训练发展潜力

"十三五"期间，随着低空空域逐步开放和行业改革政策陆续出台，通用航空产业已步入快速发展的战略机遇期，即将迎来井喷式的快速增长发展，成为促进我国国民经济发展和产业结构转型升级的重要引擎，将有力推进我国新型工业化、信息化、城镇化和农业现代化的协同创新发展。

目前，我国拥有通航机场及起降点 300 多个，通航飞机 1700 多架，通航专业从业人员不足 5 万人，我国通用航空产业整体发展尚处于较低水平。

据推测，到 2020 年，我国需各类通航飞机 1 万～1.2 万架，全国通用机场将建成 500 座以上，年飞行量达到 200 万小时，带动相关的产业发展将会形成 1 万亿以上的市场空间，将形成安全、有序、协调的通用航空发展格局。

根据民航局预测，到 2020 年，我

图 6.3　翔宇集团通航教练机

国的通用航空飞机应在 1 万架以上，达到发展中国家的最先进水平。同时，随着市场化进程的逐步推进，我国通用航空市场结构发生了较大的变化。原有结构中包括航空摄影、航空探矿、人工降水、航空护林、飞机灭蝗、农林化飞行等内容所占比例逐步下降，自发的市场需求在逐年增长，其作业价格完全按照市场供需关系来确定，主要的经营项目有石油服务、公务飞行、医疗救护、培训飞行等。随着国内企事业单位购置自用公务机（含直升机）数量的不断增加，航空器代管市场也在逐渐扩大。对直升机摆渡旅客、直升机医疗救护以及对小型飞机用于近距离城市之间的旅客穿梭飞行的需求也正在凸显。在我国国民经济发展到一定水平后，通用航空市场将越来越大，市场支付能力也将逐步提高。

三、飞行训练市场

随着国家对于低空空域的放开和政府事业单位公务需求、企业商务出行需求的加大，出行便捷化、高效率的低空航空服务需求越来越大。此外，近年来我国通用航空产业迎来了一系列利好政策，2016 年 5 月 17 日，国务院办公厅印发了《关于推动通用航空业发展的指导意见》，提出到 2020 年通用航空器逾 5000 架，年飞行量逾 200 万小时。

截至 2018 年 12 月 29 日，我国通航企业数量达 436 家，飞行小时数达 86.8 万小时，通用航空器数量 2581 架，通航从业人员 6500 人（其中飞行员 3116 人，机务 2882 人，航务 502 人）；我国 141 部航校总数已达 33 家，取证通用机场 202 座。根据《通用航空"十三五"发展规划》，到 2020 年，我国通用航空产业体量相比 2015 年增加超过一倍，其中飞行时间增加 156.7%，机队规模扩大 123.7%，通用机场数量扩增 66.7%，私人飞行驾照数量增加 105.8%。这就预示着我国通航培训市场有着巨大潜力。

与通航产业需求相比，国内飞行培训机构数量不足。我国现有的通用航空培训办学能力和相应需求的巨大反差是通用航空培训业崛起的契机。

2010 年以来，随着国家低空政策的推进，通用航空呈现出蓬勃发展的态势，通用航空公司对飞行员的需求激增，一些民营航校应运而生，就连中国民航飞行学院也针对通航需求开设了通航班。未来几年通用航空飞机的保有量增速将会超过 25%，到 2020 年我国通用航空飞机保有量将突破 9000 架。相形之下，我国通用航空飞行员数量增长却相对滞后，截至 2013 年全国通用航空公司从业中国籍飞行员只有 1655 名。预计未来 3 年，通用航空飞行员需求量超过 6000 人，未来 10 年通用航空飞行员需求量将会达到 15000 人，目前国内通用航空每年培养人数大概是 1000 人左右。

第四节　公务航空和私人飞行

【知识导航】

公务航空则是在统一的航空安全管制前提下，按照个别旅客的特殊旅行需求，由客户确定起飞时间、始达地点、飞行距离及行程路线，以专为该旅客设计的、最大限度地满足旅客旅行要求的航线班期，向旅客提供包机飞行服务的航空活动。

一、公务航空

1. 公务航空的概念

公务航空是通用航空的重要组成部分之一。

公共航空以固定航线、固定班期形式同时向大批旅行目的需求相近的旅客提供服务。公务航空则是在统一的航空安全管制前提下，按照个别旅客的特殊旅行需求，由客户确定起飞时间、始达地点、飞行距离及行程路线，以专为该旅客设计的、最大限度地满足旅客旅行要求的航线班期，向旅客提供包机飞行服务的航空活动。

2. 公务航空的特点

由于公务航空公司或私人营运的公务机不受航班时间的限制，不受目的地的限制，因而有很好的行程灵活性、时间保证性和乘坐隐私性。这越发显示出公务航空的独特作用。商务活动要求快节奏，讲求时间和效率，而随着竞争的日益加剧，定期航班的局限性越发凸显，很难满足商务飞行的需要。公务航空最大的特点是高效、优质、私密，服务订制化和个性化。公务飞行执行不定期航班，灵活快捷，具有定期航班无法比拟的优点，具体如下所述。

（1）省时

由于公务飞行是按照客户而非航空公司的要求，根据客户要求的时间、在客户指定的机场起降，可以简化手续，无须候机。公务飞行讲求地面运输和空中飞行的有机组合，中间几乎没有时间间断，从而可以节省大量时间。公务飞行可以为客户申请直飞，当两地有多个机场时，可以选择离目的地最近的机场。

（2）高效

公务航空的主要服务对象为企业、政府部门、机构和个人。公务飞机的客舱充分考虑到公务需求，不仅有完善的服务设施，更有极佳的办公环境和设备，机内有先进的卫星电话、传真、计算机网络接口等，使旅客能在旅途中商讨公务，处理文件，可确保旅客在旅途中任何一点都能与其客户保持联络，接收最新信息。公务飞机本身就是一个"空中办公室"。

（3）机动性强

由于公务飞行是按照旅客意愿而非航空公司决定的时刻表起飞和降落，旅客可以根据需要，提前、推后或延长会议而不会有延误航班的压力，并可以根据需要中途改变航程，从而有商业航班无法比拟的机动性。

（4）安全性和可靠性高

公务飞机是根据最高的标准设计和制造的，专业维护人员也是根据最高的标准维护。从近年来的飞行记录看，公务飞行比航班飞行更为安全。对旅客而言，其对安全及可靠性的心理感受来自公司对飞机的飞行有绝对的控制权，行李装载、飞行员素质、机械师素质及运行安全标准都是可靠的。

（5）私密性强

机上旅客都是由客户自己确定的，可确保免受他人干扰，从而有效地利用空中飞行时间休息、娱乐和处理公务。对于重要或知名人士，乘坐公务飞机可以隐蔽行踪，躲避干扰，避免在公开场合不必要的交谈。乘坐公务飞机可以确保商业秘密及个人隐私。

公务航空如图6.4所示。

图6.4　公务航空

3. 公务航空的发展前景

我国地域辽阔的优势，显然为公务航空的发展提供了极大的潜力。随着改革开放的深入，商务活动迅猛增长，不仅会推动我国航空运输业健康发展，而且会推动公务航空更加广泛地进入我国航空运输市场。

目前，我国有些地区经济欠发达，尚不能建设现代化机场，因而不能被中国民航的航线覆盖，但只要能修建一些相对简易的机场，公务机就可以在那里起降。即使是一些不能修建机场的边远地区，也可以由公务直升机承担人员与设备的运送任务。因此，可以说我国的公务航空才刚刚起步。

二、私人飞行

预计到 2024 年，我国将进入高收入国家，为了提高个人生活质量，公务飞行、私人飞行将是发展通用航空的重要动力。根据庞巴迪公司作出的预测，2011 年至 2020 年期间，交付至我国的私人飞机数量将达 960 架；2021 年至 2030 年期间，该数量将达到 1400 架。另据专业机构预测，我国私人飞机的潜在客户将超过 15 万人。私人飞机将有可能成为继汽车走进千家万户之后的又一个消费热潮。

但是，仅仅拥有了私人飞机并不代表着就可以实现梦寐以求的私人飞行，还要解决以下两个问题：

1. 飞行执照

如同开车需要驾照一样，想要驾驶飞机飞上蓝天，学习飞行、获取飞行执照是必须完成的第一步。我国内地的飞机驾驶执照主要分为商用驾驶员执照和私用驾驶员执照。想要获得飞行执照一共需要通过三关——体检关、飞行理论关、飞行实践关。

（1）体检关。体检必须在民航局认可的体检点进行，要达到 II 级体检合格标准，取得"航空人员体检合格证"，这个合格证是飞行必须携带的证件之一，有效期为 24 个月，年满 40 周岁者为 12 个月。具体的体检标准比较复杂。总体来说，对飞行员的身体素质要求较高，矫正视力在 1.0 以上，听力正常，不能有心脏病、高血压、眩晕症等。

（2）飞行理论关。

在考取飞行执照的三关中，最难的不是飞行实践，而恰恰是飞行理论。操作虽然不复杂，但对于飞行相关知识的要求却很多，60 小时的理论学习包括天气、导航、电台使用、飞机构造等。飞行理论考试的内容涉及飞行原理、飞机性能、仪表、气象、领航、空管、法规等多项内容。

（3）飞行实践关。与考取汽车驾照相反，飞机在实践飞行时的操作甚至比汽车还简单，主要是"两舵一杆"。练习过"模拟飞行"后操作起来会更快。

2. 飞行申报

飞行前，个人首先要向代管机构申请起飞时间、到达地点等，代管机构再向民航和空军等空管部门申请飞行空域和飞行计划。要在管理部门允许的飞行空域内飞行，并且需要提前通过有关部门申报批准才行。

在规定的范围内飞行，必须完成这几道程序：必须提前一天向相关部门报告飞行的时间，使飞行列入计划；飞行前的一到半个小时内要再向有关方面通过有线联络报告一次；飞机升空后，还要向航调和航管部门报告；等飞机完成飞行滑回机库，又要报告一次，这就是"一日四报"。

【思考与练习】

1. 什么是通用航空?

2. 通用航空包括哪些方面?

3. 什么是飞行训练?

4. 什么是公务航空, 其有什么特点?

第七章　民用机场

【学习目标】

1. 掌握机场的基本概念、机场的构成及功能。
2. 了解民用机场的分类及机场飞行区的划分。

第一节　机场概述

【知识导航】

机场，英文是"Airport"，是指供航空器起飞、降落和地面活动而划定的一块地域或水域，包括区域内的各种建筑物和设备装置。

机场主要分为民用机场、军用机场和军民合用机场。

机场按照实际使用规模也可以分为枢纽机场、大型机场、中型机场、小型机场。此外，民用机场还包括通航机场、备用机场、单位或私人机场。

一、机场的基本概念

国际民航组织将机场（航空港）定义为，供航空器起飞、降落和地面活动而划定的一块地域或水域，包括区域内的各种建筑物和设备装置。

机场有不同的大小，较小的或发展未成熟的机场通常只有一条长约1000米的跑道，大型机场一般会有超过2000米长的跑道，而且以沥青铺成，但小型机场可能会有草、泥或碎石在跑道上。一般来说，越大的飞机越需要更长的跑道做升降之用。目前，全球最长的民用机场跑道在我国西藏昌都邦达机场，道面长度为5500米，其中的4200米满足4D标准，同时它也是海拔最高的跑道，其高度为4334米。

二、机场的基本分类

机场分为军用机场、民用机场和军民合用机场。其中，民用机场又分为商业性的航空运输机场（也称为航空港，英文为 Airport）和企业或私人自用的机场。

图 7.1　郑州新郑国际机场

机场的具体分类介绍如下所述。

（1）军用机场用于军事目的，有时也部分用于民用航空或军民合用，但从长远来看，军用机场将会和民用机场完全分离。

（2）军民合用机场是既可军用又可民用的机场。根据国务院、中央军委《关于军民合用机场使用管理的若干暂行规定》，机场的使用管理原则上由机场产权单位负责，可根据双方需要和世纪情况，划分区域，分区管理。

（3）航空港是指从事民航运输的各类机场，在我国通常把大型的民用机场称为空港，小型的民用机场称为航站。《中国民用航空发展"十一五"规划》把我国运输机场分为枢纽机场、大型机场、中型机场、小型机场四类。

① 枢纽机场：是指国家政治中心或经济中心，经济与人口规模居全国前列城市的机场，在航线网络中占国际、国内枢纽地位，旅客吞吐量在 4000 万人次以上。

② 大型机场：是指省会、自治区首府、直辖市和主要特区、开放城市、旅游城市，经济与人口规模居全国前列城市的机场，在航线网络中占国内枢纽地位，旅客吞吐量在 1400 万 ~4000 万人次之间。

③ 中型机场：是指省会、自治区首府、直辖市和重点开放城市、旅游城市，经济与人口规模较大城市的机场，在航线网络中占区域性中心地位，旅客吞吐量在 100 万 ~1400 万人次之间。

④ 小型机场：是指各省、自治区的地州级城市和其他重点旅游区，经济与人口规模较小城市的机场，在航线网络中居于网络终端地位，旅客吞吐量少于 100 万人次。

除此之外，在民用机场中还有通航机场、备用机场和单位或私人机场。

通航机场：主要用于通用航空，为专业航空的小型飞机或直升机服务。

备用机场：在我国这类机场多数是以前使用过的机场，现在由于各种原因没有航班，处于停用和保管状态。在国外这类机场平时不安排航班，它只为通用航空或航空爱好者服务，一旦一些机场交通拥挤，它可以暂时用来为商业航空服务，以减轻运输压力。

单位或私人机场：在我国除民航和军用机场外，有些机场属于单位和部门所有，如飞机制造厂的试飞机场、体育运动的专用机场和飞行学校的训练机场等。在国外还有大量的私人机场，服务于私人飞机或企业的公务飞机，这种机场一般只有简易的跑道和起降设备，规模很小，但数量很大。

三、机场在国家及经济发展中的地位和作用

（1）机场是国家权力的组成部分。在战争或特殊情况下，国家可以征用民用机场或飞机为国家军事等目的服务；在和平时期，机场也是影响国际交往、国家安全等方面的重要因素。

（2）机场是国家交通联系的枢纽。机场是国家运输系统中的重要结合点，也是机场所在地经济发展的重要基础条件，是该地区通向国内重要经济中心和通向国际的门户和窗口。如果一个地区没有机场，它就不能直接、快速和远距离地开展人员和货物的交流，特别是在现代社会中，就无法迅速参与目前全球化的经济活动。相比于其他交通方式，航空运输在时间和便捷性上都有很大的优势。

（3）机场有利于所在地经济的发展。主要表现在两个方面，第一，可以增加当地对投资的吸引能力。由于航空运输的发展，工业和服务业开始向发展中国家和一些尚未开发的地区转移，大量资本投向这些地区建厂或设立公司等。这些未开发地区要得到投资的先决条件之一往往为是否建有空中进出的门户，有了机场这个门户，才会有便利的人员来往途径而吸引投资者。第二，机场本身也能促进当地经济发展。机场运转带来的客货运服务、航空配餐、油料消耗，以及围绕旅客的各种服务都带来了可观的收益和大量的就业岗位，加上外来的旅游者和相应行业的建设，就能很快改变一个城市的闭塞的状态和面貌。这也是各地争相建设机场的动力所在。

四、我国机场发展概况

我国国民经济的持续快速发展和民航运输量突飞猛进的增长，进一步要求更大规模的现代化机场的建设。自20世纪90年代起，深圳黄田、石家庄正定、福州长乐、济南遥墙、珠海三灶、武汉天河、南昌昌北、上海浦东、南京禄口、郑州新郑、海口美兰、三亚凤凰、桂林两江、杭州萧山、贵阳龙洞堡、银川河东、广州新白云等现代化机场相继投入使用。同时，一大批中、小型机场也完成了新建、改建和扩建。

今后一段时间内，中国民航基础设施的建设投资仍将进一步加大，主要方针是建设枢纽机场，完善干线机场，发展支线机场。截至2018年底，全国颁证运输机场达到235个，其中，旅客吞吐量千万级机场共37个；我国民航全年共完成固定资产投资810亿元，全年新开工、迁建运输机场9个，新增跑道6条、停机位305个、航站楼面积133.1万平方米。

第二节　民用机场的构成与运行

【知识导航】

　　机场是在地面或水面上划定的一块区域（包括相关的各种建筑物、设施和装置），是供飞机起飞、着陆、停放、加油、维修及组织飞行保障活动使用的场所。

　　民航运输机场主要由飞行区、旅客航站区、货运区、机务维修设施、供油设施、空中交通管制设施、安全保卫设施、救援和消防设施、行政办公区、生活区、生产辅助设施、后勤保障设施、地面交通设施及机场空域等组成。

一、机场的基本构成

　　随着国际交流的增多及经济文化的发展，民航运输已成为国际间往来的主要交通方式。在国内，民航运输量也在增加。民航运输快捷、舒适、安全，对政治、经济、文化及社会生活带来了巨大影响。

　　民航运输系统由以下四部分组成：飞机（机队）、机场、航路和客户。四者之间相互制约、相互影响、相互促进，而机场则是它们的汇交点。飞机是运载工具，飞机性能的提高和载重的增加以及机队的扩大将为客户带来方便，推动运输业的发展，但也对机场提出了更高的要求。

　　机场是在地面或水面上划定的一块区域（包括相关的各种建筑物、设施和装置），是供飞机起飞、着陆、停放、加油、维修及组织飞行保障活动使用的场所。按服务对象区分，机场分为军用机场、民用机场和军民合用机场。民用机场包括商业性航空运输机场和通航机场；此外还有体育运动机场、飞机制造厂和科研单位所用的试飞机场以及培养驾驶员所用的学校机场。大型民航运输机场又称为"航空港"。

　　民航运输机场主要由飞行区、旅客航站区、货运区、机务维修设施、供油设施、空中交通管制设施、安全保卫设施、救援和消防设施、行政办公区、生活区、生产辅助设施、后勤保障设施、地面交通设施及机场空域等组成。

　　1. 飞行区

　　飞行区包括地面设施和净空区两个部分，供飞机起飞、着陆和滑行使用。其地面设施是机场的主体。

　　（1）升降带：供飞机起飞、降落及偶尔滑出跑道或迫降时的安全而设置的长方形地带，由跑道及跑道四周经平整压实的土质场地组成。在升降带靠近跑道的地方，除轻型、易折和为航行所必不可少的助航标志外，不应有任何危及飞行安全的物体。升降带的纵横坡除了满足排水要求外，还需适应飞机运行特性和符合无线电导航设施的技术要求。

（2）跑道端安全地区：设在升降带两端，用来减少起飞、着陆的飞机偶尔冲出跑道以及提前接地时遭受损坏的危险。其地面必须平整、压实，并且不能有危及飞行安全的障碍物。

（3）净空道：当跑道长度较短，只能保证飞机起飞滑跑安全，而不能确保飞机完成初始爬升（10.7米高）安全时，机场应设置净空道，以弥补跑道长度的不足。净空道设在跑道两端，其土地应由机场部门管理，以便确保不会出现危及飞行安全的障碍物。

（4）滑行道：滑行道供飞机从飞行区的一部分通往其他部分使用。主要有下列五种：① 是进口滑行道，设在跑道端部，供飞机进入跑道起飞使用。设在双向起飞着陆用的跑道端的进口滑行道，亦作为出口滑行道。② 是旁通滑行道 设在跑道端附近，供起飞的飞机临时决定不起飞时，从进口滑行道迅速滑回使用；也供跑道端进口滑行道堵塞时，飞机进入跑道起飞使用。③ 是出口滑行道，供着陆飞机脱离跑道使用。交通量较大的机场，除了设在跑道两端的出口滑行道外，还应在跑道中部设置。设在跑道中部的出口滑行道有直角出口滑行道和锐角出口滑行道两种。锐角出口滑行道亦称为快速出口滑行道。④ 是平行滑行道，平行滑行道供飞机通往跑道两端使用。在交通量很大的机场，通常设置两条平行滑行道，分别供飞机来往单向滑行使用，这两条平行滑行道合称为双平行滑行道。⑤ 是联络滑行道，在交通量小的机场，通常只设一条从站坪直通跑道的短滑行道，这条滑行道称为联络滑行道。在交通量大的机场，双平行滑行道之间设置垂直连接的短滑行道，也称为联络滑行道，供飞机从一条平行滑行道通往另一条平行滑行道使用。

（5）机坪：飞行区的机坪主要有等待坪和掉头坪两种。 等待坪供飞机等待起飞或让路而临时停放使用，通带设在跑道端附近的平行滑行道旁边；掉头坪供飞机掉头使用，当飞行区不设平行滑行道时应在跑道端设掉头坪。

（6）净空区：是指飞机起飞着陆涉及的范围，为了确保飞行安全，对该范围内地形地物的高度必须严格限制，不允许有危及飞行安全的障碍物。

2. 旅客航站区

旅客航站区主要由航站楼、站坪及停车场所组成。

1）航站楼

供旅客完成从地面到空中或从空中到地面转换交通方式使用，是机场的主要建筑物，通常由下列五项设施组成：

① 连接地面交通的设施：有上、下汽车的车道边（航站楼前供车辆减速滑入、短暂停靠、启动滑出和驶离车道的地段）及公共汽车站等。

② 办理各种手续的设施：有旅客购票、安排座位、托运行李的柜台以及安全检查和行李提取等设施。国际航线的航站楼还有海关、动植物检疫、卫生检疫、边防（移民）检查的柜台。

③ 连接飞行的设施：有靠近飞机机位的候机室或其他场所，视旅客登机方式而异的各种运送、登机设施，中转旅客办理手续、候机及活动场所等。

④ 机场管理区：航空公司营运和机场管理部门必要的办公室、设备等。

⑤ 服务设施：餐厅、商店等。

旅客航站区指示牌如图 7.2 所示。

图 7.2　旅客航站区指示牌

航站楼的旅客都是按照到达和离港安排有目的地流动的，在设计航站楼时必须很好地安排旅客流通的方向和空间，这样才能充分利用空间，使旅客顺利地到达要去的地方，不致造成拥挤和混乱。

目前通用的安排方式是把出港（离去）和入港（到达）分别安置在上、下两层，上层为出港，下层为入港，这样互不干扰又可以互相联系。由于国内旅客和国际旅客所要办理的手续不同，通常把这两部分旅客分别安排在同一航站楼的两个区域，或者分别安排在两个航站楼内。

旅客流程要考虑三部分旅客：① 国内旅客手续简单，占用航站楼的时间少，但流量较大，因而国内旅客候机区的候机面积较小而通道比较宽。② 国际旅客要办理护照、检疫等手续，行李也较多，在航站楼内停留的时间长，有时还要在免税店购物，因而国际旅客的候机区要相应扩大候机室的面积，而通道面积要求较小。③ 中转旅客是等候衔接航班的旅客，一般不到航站楼外活动，所以要专门安排他们的流动路线。当国内转国际航班或国际转国内航班的旅客较多时，流动路线比较复杂，如果流量较大，就应该适当考虑安排专门的流动线路。

旅客旅行目的的不同和旅客类型的差异等因素，都会影响航站楼的流程设计和设施布置。例如，因公旅行的旅客，一般对航站楼设施及航班动态等了解得比较清楚，因此他们在航站楼内逗留的时间较短，而且很少有迎送者，所带行李亦较少。而因私旅行（旅游、探亲）的旅客则恰恰相反。

在组织航站楼内的各种流程时，首先要避免不同类型的流程交叉、掺混和干扰，严格将进、出港旅客分隔；出港旅客在（海关、出境、安检等）检查后与送行者及未被检查旅客分隔；到港旅客在（检疫、入境、海关等）检查前与迎接者及已被检查旅客分隔；国际航班旅客与国内航班旅客分隔；旅客流程与行李流程分隔；安全区（隔离区）与非安全区分隔等，以确保对走私、贩毒、劫机等非法活动的控制。其次，流程要简捷、通畅、有连续性，并借助各种标志、指示进行明确，力求做到"流程自明"。第三，在旅客流程中，尽可能避免转换楼层或变化地面标高。第四，在人流集中的地方或耗时较长的控制点，应考虑提供足够的工作面积和旅客排队等候空间，以免发生拥挤或受其他人的干扰。

国际出发流程如图 7.3 所示。

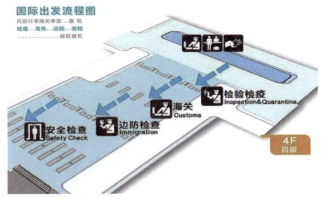

图 7.3　国际出发流程图

在图 7.2 中，安全检查是由公安部门实施的对旅客及所携带行李、物品的检查，防止将武器、凶器、弹药，易燃、易爆等危险品带上飞机，以确保飞机和旅客的安全。检验检疫是对国际到达旅客及所携带动、植物进行检查，以防传染病或有害的动植物瘟疫、病菌等从境外带入，造成危害性传播。海关的职能是检查旅客所带物品，以确定哪些应该上税。出、入境检查，由移民局或边防检查站负责执行，其主要职责是检查国际旅客出入境手续的合法性，其中最重要的内容是护照检查。

由于各国政府政策和控制力度的不同，不同国家的机场要求旅客经历的程序和检查的严格程度也是有差异的。例如，欧洲大多数国家机场的海关，改善以后的检查过程几乎使人感觉不到强迫性。而在有些国家，机场海关检查是非常严格的。

2）站坪

设在航站楼前的机坪称为站坪或客机坪，供客机停放、上下旅客、完成起飞前的准备和到达后的各项作业使用。

3）停车场所

停放车辆用，通常设在航站楼前，停放车辆不多时可采用停车场，停放车辆很多时宜放多层车库。

3.货运区

货运区供办理货物托运手续、装上飞机以及从飞机卸货、临时储存、交货等用。货运区主要由业务楼、货运库、装卸场及停车场组成，货机来往较多的机场还设有货机坪。

4.机务维修设施

大多数机场对飞机只承担航线飞行维护工作，即对飞机在过站、过夜或飞行前进行例行检查、保养和排除简单故障。其规模较小，只设一些车间和车库。有些机场设停机坪，供停航时间较长或过夜的飞机停放使用。有的机场还设有隔离坪，供专机或由于其他原因需要与正常活动场所相隔离的飞机停放使用。

少数机场承担飞机结构、发动机、设备及附件等的修理和翻修工作。其规模较大，设有飞机库、修机坪、各种车间、车库和航材库等。

5. 供油设施

供油设施供储油和加油使用。大型机场设有储油库和使用油库。储油库储存大量油料，并有装卸油和各种配套设施，是机场的主要油库。小型机场只设一个油库。小型机场通常使用罐式加油车加油，大型机场通常使用机坪管线系统（加油井或加油栓）。

6. 空中交通管制设施

在浩瀚无垠的天空，飞机似乎可以不受约束地随意飞行，其实并非如此。飞机就像车辆在地面行驶一样必须遵守交通规则、接受警察和红绿灯的指挥，飞机在天上飞行也必须要遵守空中交通规则，也要受到专门机构的指挥与调度，这就是空中交通管制。空中交通管制的职务具体分为以下几个方面：

（1）利用通信、导航技术和监控等专业手段对飞机飞行活动进行监视、控制与指挥，从而保证飞机飞行安全和使飞机按照一定航路、秩序飞行。

（2）将飞行航线的空域划分为不同的管理区域，包括航路、飞行情报管理区、进近管理区、塔台管理区、等待空域管理区等，并按照管理区的范围与情况选择使用不同的雷达设备对飞机进行管制。

（3）在管理空域内进行间隔划分，飞机间的水平和垂直方向间隔构成空中交通管理的基础。

（4）由导航设备、雷达系统二次雷达、通信设备、地面控制中心组成空中交通管理系统，完成监视、识别、引导覆盖区域内的飞机，保证其正常安全的飞行。

7. 安全保卫设施

我国民用航空运输事业的高速发展，对机场安全保卫工作提出了更高的要求，保卫航空运输安全的首要环节是强化地面安全，其基础是使机场安全保卫设施建设走向规范化和管理手段现代化。主要有飞行区和站坪周边的围栏及巡逻道路。

8. 救援和消防设施

随着我国民航事业的快速发展，全国民用机场规模的不断扩大，国家对消防安全工作越来越加以重视，机场的消防安全工作也愈发重要。要保障消防安全，必须有完善的消防设施，建有完善的应急救护设施，才能最大限度地挽救生命，减轻伤害。以下对国家规范和民航行业标准对民用机场的消防救援和应急救护设施的规定进行简要介绍。民用机场须严格按照相关规范的要求，建设消防救援和应急救护设施，切实提升机场的消防保障和应急救护能力，提升机场的服务水平（航空公司在某一机场起降，它支付的起降服务费用与机场的消防保障等级存在对应关系）。

民用机场是公共基础设施，是为旅客出行提供服务的公共场所，也是消防安全的重点场所，各地的民用机场都被列入当地的消防安全重点单位。民用机场消防安全保障工作是保障飞机和旅客生命财产安全的一项重要工作。根据《中华人民共和国消防法》第三十九条的规定，民用机场应当建立专职消防队，承担本单位的火灾扑救工作。

在建设民用机场时，必须严格按照国家规范和民航行业标准的规定，建设消防救援和应急救护设施，做好消防设计工作。《民用航空运输机场消防站消防装备配备》（MH/T 7002– 2006）中提出："当机场消防站消防装备不能满足本标准的要求时，机场可参照《国际民用航空公约》附件 14 有关应答时间的要求，与其他消防机构通过协议等方式满足本标准要求。"这为支线机场的消防工作提供了新思路，有利于减轻支线机场的资金压力。但是，机场距离城市一般具有一定距离，地方公安消防部队投入机场的消防救援需要一定时间，支线机场需要建设必需的消防设施，配备切实保障支线机场消防安全的一定数量的专职消防队员，保证消防第一时间出动，切实保障支线机场的消防安全。

9. 行政办公区

行政办公区包括机场管理区、紧急救援设施、航空公司运营办公室、签派室和贵宾接待室、政府机构办公区。

10. 生产辅助设施

生产辅助设施主要有宾馆、航空食品公司等。

11. 后勤保障设施

后勤保障设施包括场务队、车队、综合仓库及各种公用设施等。

12. 生活区

生活区供居住和各项生活活动使用，主要有宿舍、食堂、澡堂、门诊所、俱乐部、商店、邮局、银行等。

13. 地面交通设施

机场是城市的交通中心之一，而且有严格的时间要求，因而从城市进出空港的通道是城市规划的一个重要部分。大型城市为了保证机场交通的通畅都修建了从市区到机场的专用高速公路，甚至还开通地铁和轻轨交通，方便旅客出行。在考虑到航空货运时，要把机场到火车站和港口的路线同时考虑在内。此外，机场还须建有大面积的停车场以及相应的内部通道。

14. 机场空域

机场空域是指属于该机场使用和管理的周围空间，设有飞机进出机场的航线和等待飞行空域。

二、机场飞行区等级的划分

1. 机场飞行区

机场飞行区即为飞机地面活动及停放提供适应飞机特性要求和保证运行安全的构筑物的统称，包括：跑道及升降带、滑行道、停机坪、地面标志、灯光助航设施及排水系统，目前常直接使用机场飞行区等级指称机场等级。飞行区等级并不直接与机场跑道长度、宽度等同，而还与地面强度、道面摩擦力等相关，这些具体用道面等级序号（PCN）与飞机等级序号（ACN）指称。

飞行区等级可以向下兼容，例如，我国机场最常见的 4E 级飞行区常常用来起降国内航班（约 1500 米），即可离地起飞或使用联络道快速脱离跑道。在天气与跑道长度允许的情况下偶尔可在低等级飞行区起降高等级飞机，例如，我国大部分 4E 级机场均可以减载起降 4F 级的空客 A380 飞机，但这会造成跑道寿命降低，并需要在起降后人工检查跑道道面。

增加跑道长度，有利于在降落时气象条件不佳，刹车反推失效或错过最佳接地点的情况下避免冲出跑道，亦有利于在紧急中断起飞的情况下利用剩余跑道长度减速刹车。增加跑道宽度，有利于在滑跑偏离跑道中心线的情况下有较大修正余地，避免飞机冲出跑道。

2. 分级办法

飞行区各项构筑物的技术要求和飞机的特性有关，我国采用《民用机场飞行区技术标准》（MH5001-2000）加以规范。国际民航组织和中国民用航空局用飞行区等级指标 Ⅰ 和 Ⅱ 将有关飞行区机场特性的许多规定和飞机特性联系起来，从而对在该机场运行的飞机提供适合的设施。飞行区等级指标 Ⅰ 根据使用该飞行区的最大飞机的基准飞行场地长度确定，共分为 4 个等级；飞行区等级指标 Ⅱ 根据使用该飞行区的最大飞机翼展和主起落架外轮间距确定，共分为 6 个等级。见表 7-1。

表 7-1　飞行区等级划分

飞行区等级指标 Ⅰ		飞行区等级指标 Ⅱ		
代码	飞行场地长度	代字	翼展（m）	主起落架外轮外侧间距
1	< 800	A	< 15	< 4.5
2	800~1200	B	15~24	4.5~6
3	1200~1800	C	24~36	6~9
4	> =1800	D	36~52	9~14
		E	52~65	9~14
		F	65~80	14~16

3. 各飞行区等级适航机型

表 7-2　各飞行区等级适航机型

飞行区等级	最大可起降飞机种类举例	国内该等级机场举例
4F	空客 A380 等四发远程宽体超大客机	上海浦东国际机场等
4E	波音 747 等四发远程宽体客机	福州长乐机场等
4D	波音 767 等双发中程宽体客机	湖南常德桃花源机场

目前我国大部分直辖市、省级行政中心城市机场以及厦门高崎、大连周水子、宁波栎社、青岛流亭、珠海三灶、三亚凤凰、桂林两江等机场均为 4E 以上飞行区级别。截至目前，我国省级行政中心城市全部建有 4E 等级及以上飞行区等级的机场。

第三节　国内民用机场发展现状

【知识导航】

民用机场，是指专供民用航空器起飞、降落、滑行、停放以及进行其他活动使用的划定区域，包括附属的建筑物、装置和设施。我国航空交通体系由三大门户复合枢纽机场、八大区域性枢纽机场、十二大干线机场组成。

一、我国机场发展概况

我国的民用机场发展较早，在 1910 年清宣统年期间，当时的清政府利用南宛驻军操场修建了我国第一个机场。我国机场建设的真正发展是在我国实行改革开放以后民用航空事业进入了高速发展的新时期，民用机场建设也得到了持续快速发展，在数量、标准、规模、质量和服务水平方面逐步达到了前所未有的发展。1990 年，我国民用机场旅客吞吐量为 3042 万人，1997 年就达到 1.11 亿人次；而 1990 年，我国民航机场飞机运行仅为 36 万架次，1997 年即达到了 140 万架次。

"十二五"以来，我国民航发展质量稳步提升。① 安全水平世界领先，航班客座率和载运率居于高位，飞机日利用率为 9.5 小时，节能减排效果显著。② 民航保障能力不断增强。运输机场数量达到 207 个（不含 3 个通勤机场），87.2% 的地级城市 100 千米范围都有运输机场，通用机场 310 个，运输飞机 2650 架，不重复航线里程达 531.7 万千米。③ 民航战略地位日益凸显。国务院出台《关于促进民航业发展的若干意见》，明确民航重要战略产业地位。航空运输在综合交通运输体系中的地位不断提升，2015 年民航旅客运输周转量在综合交通体系中所占比重接近 1/4。④ 民航业与区域经济融合发展进程加快，临空经济成为推动地区转变发展方式新亮点。民航国际影响力逐步扩大。"十二五"末，我国航空公司通航全球 55 个国家和地区的 137 个城市，国际航线达到 660 条，国际客运市场份额达到 49%。我国继续高票当选国际民航组织一类理事国，我国候选人柳芳首次当选国际民航组织秘书长。⑥ 民航行业管理能力不断提高。持续安全理念不断深化，安全工作法治化进程不断深入，市场管理手段不断丰富。

二、"十三五"民航发展规模基本数据

1. 航空运输安全

在全行业机队规模突破 3000 架、运输总周转量突破千亿吨公里、机场旅客吞吐量突破 10 亿人次、全行业年运输飞行小时和运输机场起降架次双双突破千万的条件下，运输航空百万小时重大事故率和亿客公里死亡人数均为"零"，运输航空百万小时重大事故率十年滚动值为 0.015，行业安全水平稳居世界前列。2018 年，全国航班正常率达 80.13%，达到规划航班正常率 80% 的目标。

2. 基础数据

2018 年，民航运输总周转量和旅客运输量同比增长分别为 11.4% 和 10.9%。2017 年，民航旅客周转量在综合交通中的比重达到 29%。2018 年，民航旅客周转量在综合交通中的比重达到 31.3%。

3. 运输生产情况

截至 2018 年 6 月，48 个机场建设项目已竣工，91 个机场正在建设或可研批复，26 个机场已立项，总体实施率达 74%，总体进度符合预期。

4. 关于航班航线

国际航线日益增多，国际航空市场不断拓展，较好满足了人民日益增长的出境需求。截至 2018 年底，与我国签署航空运输协定的国家已达到 126 个。2018 年，国内 37 家航空公司共安排国际航班每周 5171 班，其中客运 4768 班、货运 403 班；通航国家 63 个，通航城市 171 个。日益增加的国际航班频次，构筑起畅行全球、高效通达的国际航空服务体系。

5. 关于政策管理

2017 年 8 月以来，民航局全面实施"控总量、调结构"，通过加强源头治理、改进标准、优化机制、压实责任等手段，多措并举，挖潜增效，使前几年的工作成效集中显现，行业整体运行效率明显提升，营造了民航高质量发展的良好环境。

三、"十三五"期间全国机场建设规划

截至 2018 年底，我国共有颁证运输机场 235 个，运输机场直线 100 千米半径范围内覆盖地级市超过 90%，机场旅客吞吐量达到 12.64 亿人次。其中，年旅客吞吐量超过 1000 万人次的机场为 37 个，超过 3000 万人次的机场达到 10 个。

《2017—2022 年中国机场建设行业发展前景分析及发展策略研究报告》表明，近年来高速发展的通用航空产业，在整个航空产业中占有越来越重要的地位。通用航空产业以公务机、轻型飞机、直升机、运动飞机等飞机制造为核心，以航空租赁和航空运输为主干，集研发、制造、销售和运营服务为一体，涉及庞大的周边和地面产品集群，产业链长，经济拉动效应高，对一、二、三产业都有巨大的带动作用，是促进产业结构调整与升级的有效途径。

不仅仅是国家层面重视通用航空产业的发展，各地政府也在加快通航机场的建设工作。自从 2014 年国务院向地方政府下放通航机场项目审批权限后，我国各地省市区都加快了通航机场建设的规划。作为建设推进的主体，地方政府的积极态度将促进通航机场建设加速。通航机场和基础设施建设是保障通用航空发展最重要的环节，为了推进通用航空产业健康发展，国家针对通航机场的政策不断出台。

未来一段时间内，我国民航机场建设工作将着力于科学规划航线网络，培育行业核心竞争力，构建以国际枢纽机场和国内干线机场为骨干，支线和通勤机场为补充的航线网络。构建大型机场之间的空中快线网络，加快支线、干线的衔接和支线间的互联互通，提高中小机场的通达性和利用性。

2020 年全国民用机场布局规划如图 7.4 所示。

图 7.4　2020 年全国民用机场布局规划分布图

但总体看来，我国民航行业发展中依然存在不平衡、不协调、不可持续等突出问题，制约民航发展的体制环境还需要进一步改善，空域资源不足依然是制约民航发展的突出瓶颈。大中型机场保障能力不足，基础设施建设速度滞后于发展需求。当前发展中所遇到的困难也将随着我国民航的高质量发展逐步得到改善。

【思考与练习】
　　1. 机场的基本概念和分类是什么？
　　2. 机场的基本构成及作用是什么？

第八章　中国民航的运行管理与保障体系

【学习目标】

1. 了解中国民航现有管理体制。
2. 了解国内航空企业和机场的发展状况。

第一节　中国民航的管理体制

【知识导航】

本节将从公共航空运输企业的设立、筹建和许可、航线审批和航班时刻、运力管理、运价管理以及代码共享的管理等角度介绍我国国内的航空运输管理体制。

一、中国民航体制历史沿革

创建于 1949 年 11 月 2 日的新中国民航事业，迎着共和国的朝阳起飞，经历了 70 年不平凡的发展历程，为国家经济建设和社会发展做出了巨大的贡献。追溯历史，在新中国成立初期，中国民航实行军队建制。改革开放之后，伴随着国民经济的发展，中国民航迅速崛起，成为当今世界第二大航空运输体系，初步形成了与社会主义市场经济相适应、符合民用航空业发展规律，并与国际接轨的新型管理体制和运行机制。

从无到有，从落后到领先，从依靠统一的行政指令到市场化运作，中国民航深入的管理体制改革功不可没。概括起来，中国民航体制改革至今主要历经以下四个阶段：

1. 第一阶段——管理的军事化

1949 年 11 月 2 日，中国民用航空局成立，揭开了新中国民航事业发展的新篇章。民航部门在高度集中的计划经济体制下，主要是为政治和军事目的服务，实行以军队领导为主的政企合一的管理体制，各级、各地区业务经营机构不是独立的经营实体，财务上由民航（总）局实行统收统支，经营上也由民航（总）局统一安排生产计划。航空产业连年亏损，只得依靠国家财政给予的大量补贴来维持其发展。民航（总）局对各级经营机构的经营活动进行了严格的规制，包括对票价、旅客资格、航线、航班等的限制。1950年，新中国民航初创时，仅有30多架小型飞机，年旅客运输量仅1万人次，运输总周转量仅157万吨公里；1978年，中国民航旅客运输量达到231万人次，运输总周转量3亿吨公里。

2. 第二阶段——管理体制的非军事化改革

1978年10月9日，邓小平同志指示民航要用经济观点管理。1980年2月14日，邓小平同志指出："民航一定要企业化。"同年3月5日，中国政府决定民航脱离军队建制，把中国民航（总）局从隶属于空军改为国务院直属机构，实行企业化管理。这期间中国民航局是政企合一，既是主管民航事务的政府部门，又是以"中国民航（CAAC）"名义直接经营航空运输、通用航空业务的全国性企业。下设北京、上海、广州、成都、兰州（后迁至西安）、沈阳6个地区管理局。1980年，全民航只有140架运输飞机，且多数是20世纪40年代或50年代生产制造的苏式伊尔-14、里-2型飞机，载客量仅20多人或40人，载客量100人以上的中大型飞机只有17架；机场只有79个。1980年，中国国民航全年旅客运输量仅343万人次，全年运输总周转量4.29亿吨公里，居新加坡、印度、菲律宾、印度尼西亚等国之后，列世界民航第35位。

3. 第三阶段——企业化改革和引入竞争机制

1987年，中国政府决定对民航业进行以航空公司与机场分设为特征的体制改革。主要内容是将原民航北京、上海、广州、西安、成都、沈阳6个地区管理局的航空运输和通用航空相关业务、资产和人员分离出来，组建了6个国家骨干航空公司，实行自主经营、自负盈亏、平等竞争。这6个国家骨干航空公司是：中国国际航空公司、中国东方航空公司、中国南方航空公司、中国西南航空公司、中国西北航空公司、中国北方航空公司。此外，以经营通用航空业务为主并兼营航空运输业务的中国通用航空公司也于1989年7月成立。在组建骨干航空公司的同时，在原民航北京管理局、上海管理局、广州管理局、成都管理局、西安管理局和沈阳管理局及所辖地区机场基础上重新调整了机构设置，组建了民航华北、华东、中南、西南、西北和东北六个地区管理局以及北京首都机场、上海虹桥机场、广州白云机场、成都双流机场、西安西关机场（现已迁至咸阳，改为西安咸阳机场）和沈阳桃仙机场。六个地区管理局既是管理地区民航事务的政府部门，又是企业，领导管理各民航省（区、市）局和机场。

航空运输服务保障系统也按专业化分工的要求相应进行了改革。1990年，在原民航各级供油部门的基础上组建了专门从事航空油料供应保障业务的中国航空油料总公司，该公司通过设在各机场的分支机构为航空公司提供油料供应。属于这类性质的单位还有从事航空器材（飞机、发动机等）进出口业务的中国航空器材公司；从事全国计算机订票销售系统管理与开发的计算机信息中心；为各航空公司提供航空运输国际结算服务的航空结算中心；此外，还有飞机维修公司、航空食品公司等。1993年4月19日，中国民用航空局改称中国民用航空总局，属于国务院直属机构。

2002 年，中国民航全行业完成运输总周转量 165 亿吨公里、旅客运输量 8594 万人次、货邮运输量 202 万吨，国际排位进一步上升，成为令人瞩目的民航大国。二十多年中，中国民航运输总周转量、旅客运输量和货物运输量年均增长分别达到 18%、16% 和 16%，高出世界平均水平两倍多。

4. 第四阶段（2002 年至今）

中国民航发生最深刻的改革是在第四阶段，2002 年 3 月，中国政府决定对中国民航业再次进行重组。主要内容有：① 航空公司与服务保障企业的联合重组。民航总局直属航空公司及服务保障企业合并后于 2002 年 10 月 11 日正式挂牌成立，组成为六大集团公司，分别是：中国航空集团公司、中国东方航空集团公司、中国南方航空集团公司、中国民航信息集团公司、中国航空油料集团公司、中国航空器材进出口集团公司。成立后的集团公司与民航总局脱钩，交由中央管理。② 民航政府监管机构改革。民航总局下属 7 个地区管理局（华北地区管理局、东北地区管理局、华东地区管理局、中南地区管理局、西南地区管理局、西北地区管理局、新疆管理局）和 26 个省级安全监督管理办公室，对民航事务实施监管。③ 机场实行属地管理。按照政企分开、属地管理的原则，对 90 个机场进行了属地化管理改革，民航总局直接管理的机场下放所在省（区、市）管理，相关资产、负债和人员一并划转；民航总局与地方政府联合管理的民用机场和军民合用机场，属民航总局管理的资产、负债及相关人员一并划转所在省（区、市）管理。北京首都国际机场、西藏自治区内的民用机场继续由民航总局管理。2004 年 7 月 8 日，随着甘肃机场移交地方，机场属地化管理改革全面完成，也标志着民航体制改革全面完成。

二、我国民航体制改革成就

经过多年深入的研究和探索，我国民航的体制改革已经取得了一定成就。我国成为全球增长最快、最重要的民航市场之一，在以建设民航强国为战略的指引下，民航的运输生产、基础设施建设都取得新进展，同时也出色地完成了各项重大航空运输保障任务和紧急航空运输任务。

三、公共航空运输企业的设立、筹建和许可

1. 设立

2004 年 12 月 16 日，民航总局令第 138 号颁布的《公共航空运输企业经营许可规定》（以下简称《规定》），于 2005 年 1 月 15 日起施行。《规定》对设立公共航空运输企业应具备的条件作出明确规定。主要是：第一，在航空器数量方面，要求不少于 3 架购

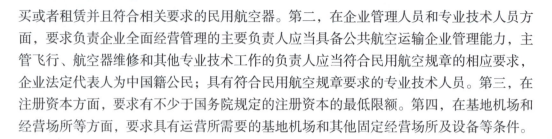

买或者租赁并且符合相关要求的民用航空器。第二，在企业管理人员和专业技术人员方面，要求负责企业全面经营管理的主要负责人应当具备公共航空运输企业管理能力，主管飞行、航空器维修和其他专业技术工作的负责人应当符合民用航空规章的相应要求，企业法定代表人为中国籍公民；具有符合民用航空规章要求的专业技术人员。第三，在注册资本方面，要求有不少于国务院规定的注册资本的最低限额。第四，在基地机场和经营场所等方面，要求具有运营所需要的基地机场和其他固定经营场所及设备等条件。

2. 筹建

为了方便申请人申请筹建公共航空运输企业，《规定》简化了有关手续。只要求申请人提交筹建申请报告、投资人的资信能力证明、投资各方签订的协议（合同）以及企业法人营业执照（或者注册登记证明）复印件或者自然人身份证明复印件、筹建负责人的任职批件、履历表、企业名称预先核准通知书等文件、资料一式三份。如果筹建的是中外合资公共航空运输企业，还要求申请人按照国家有关规定报送拟设立企业的项目申请报告及其核准文件。从程序上讲，申请筹建应首先经拟使用的基地机场所在地民航地区管理局初审。民航地区管理局初审完毕后，将初审意见连同申请人的申请材料一起报民航总局，由民航总局作出是否同意筹建的决定。

3. 许可

经民航总局同意筹建的公共航空运输企业，应当按照国家有关法律、行政法规及民用航空规章的规定和认可条件在 2 年内完成筹建工作，取得经营许可证。对确有充足的事由没有完成筹建的，经申请人申请、所在地民航地区管理局初审，民航总局可准予延长 1 年筹建期。在延长筹建期内仍未取得经营许可证的，即丧失筹建资格。对丧失筹建资格的申请人，民航总局 2 年内不再受理其筹建申请。

根据《中华人民共和国民用航空法》的规定，申请人获得经营许可证后，还要依法向工商行政管理机关办理登记手续，取得法人营业执照。同时，根据《公共航空运输承运人运行合格审定规则》（民航总局令第 83 号）的规定，公共航空运输承运人只有经过局方组织的运行合格审定，获得局方颁发的公共航空运输承运人运行合格证和运行规范后，方可按运行规范的要求实施运行。这就是说，申请人取得经营许可证，并经工商登记取得法人营业执照的公共航空运输企业，必须通过运行合格审定，取得运行合格证和运行规范。所以，《规定》第 28 条明确规定："公共航空运输企业正式投入航线运营前，应当按规定完成运行合格审定，审定合格后方可正式投入航线运营。"

四、公共航空运输企业的运力管理

运力，即运输能力，一般指使用哪种型号的飞机（载客座位数或载货吨位），在一定期限（一月，一周，一天）的航班次数，但国外也有学者将运力只用于指一架飞机的能力。空运企业通过核准或登记获得航线经营许可时，应确定初始航班安排（包括日期、使用机型和班次)。空运企业通过核准或登记获得的航线经营许可,应在取得相应的起降时刻后方能运营。空运企业应当以适当方式公布班期时刻并坚持诚实信用的原则,按所取得的航线经营许可和公布的班期时刻执行。

空运企业可以根据市场需求在其所经营的航线上自行安排加班,提前一周报始发机场所在地民航地区管理局备案,并取得相应的起降时刻后实施;空运企业加班不得冲击其他空运企业的定期航班经营,如因加班引起冲击其他空运企业定期航班的投诉,经民航局或民航地区管理局调查确认,将追究该空运企业的责任。民航局或民航地区管理局可根据航空运输市场监管和宏观调控的需要,对空运企业航班安排实施总量管理:空运企业拟停止经营航季客座率达到50%以上的航线的,应当经民航局或民航地区管理局评审核准;未经评审核准,不得停止经营。在航空市场出现运力急剧增减,并对行业市场造成重大混乱,或机场保障能力不能满足实际需求以及国家对相关空域另有使用要求的紧急情况下,民航局或民航地区管理局可以在全国部分地区或者某些机场或航线上采取临时管理措施,对航空公司提出的加班申请实施核准,或发布在某一时段禁止经营加班往返至某一地区的决定。运力管理的作用是寻求航空公司整体航线网络运营的预期利润最大化。运力管理部门对航空公司的每个航班和每种运力进行逐一匹配,通过调整航班结构、运力规模、到订航班计划、机队规划等管理手段,最终达到航线网络和运力资源的优化配置,即实现预期利润最大化。

五、公共航空运输企业的运价管理

航空运输价格,简称运价,是航空运输价值或效用的货币表现,是航空运输企业根据其对目标市场供求关系的理解,依据政府及国际航空运输协会的相关政策,制定的反映其运输产品价值的货币数量规定。航空运输价格包括旅客运输价格和货邮运输价格。其中,旅客运输价格俗称机票价格。旅客运输在我国航空运输业中占有重要地位,2004年旅客运输周转量占全行业运输总量的比重达到70%;旅客运输价格与人民群众的生活有着直接的联系,是人民群众尤其是广大旅客非常关注的热点。

自1996年3月1日至今,根据《民航法》和《价格法》,国内航线票价管理明确为以民航总局为主,会同国家发改委管理,管理形式为政府指导价。自1997年7月1日起,实行境内和境外旅客乘坐国内航班调价政策,即境内、境外旅客在境内购票统一执行每客公里0.75元的票价(称为旧票价);在境外购票统一按公布票价每客公里0.94元(后称为A票价)执行。1997年11月,民航总局推出"一种票价,多种折扣"的政策。1999年2月1日,为规范市场秩序,规定各航空公司票价按国家公布价销售,不得滥用折扣。2000—2002年,民航总局采取一系列措施来进一步规范运价。民航总局决定,自2000年5月15日起,先期以海南联营航线为试点,实行旅游团队优票票价;自同年10月1日起,放松对支线票价的管理。2001年,自3月6日起,在北京—广州、北京—深圳等7条多家经营航线上试行多等级票价体系;自5月20日起,在海南联营航线上也试行多等级票价体系。自2001年11月5日起,对国内航线实施"燃油加价"的政策,允许航空公司票价最大上浮 15%，单程不超过 150 元，同时建立票价与油价联动机制，当国内航油价格变动 10% 时，允许航空公司票价最多可变动 3%。2002 年，进一步完善国内航线团体票价政策，自 6 月 10 日起对国内航线团体票价试行幅度管理，即团体票价最低折扣率可根据购票时限、航程性质、人数不同而有所区别。

六、国内航空运输企业代码共享管理问题

代码共享是航空运输企业特有的一种商务合作方式，也是航空公司之间最重要、最广泛、最有效的合作模式之一。成功的代码共享合作，可以有效地促进航空公司合作双方的规模效应、网络效应、成本效应和管理效应，可以为航空公司合作双方及旅客带来"三赢"的效果。目前，我国航空公司已开展了与外航的代码共享合作，同时国内航空公司之间也广泛开展了代码共享合作。代码共享对于航空公司而言，不仅可以在不投入成本的情况下完善航线网络、扩大市场份额，而且越过了某些相对封闭的航空市场的壁垒。对于旅客而言，则可以享受到更加便捷、丰富的服务，比如，众多的航班和时刻选择、一体化的转机服务、优惠的环球票价、共享的休息厅以及常旅客计划等等。随着国际航空运输市场竞争的加剧，航空公司间的战略性联合成为航空公司参与竞争的重要手段。

第二节　国内知名的航空公司

【知识导航】

　　航空运输企业是指利用民用飞机为主要手段从事生产运输，为社会机构和公众提供服务并获取收入的企业，即航空公司。根据主营业务的不同，航空公司可以分为三类：客运航空公司、货运航空公司和通用航空公司。本节将介绍国内主要的航空公司。

一、中国国际航空股份有限公司

中国国际航空股份有限公司，简称国航，英文名称为"Air China Limited"，简称"Air China"，IATA 代码是 CA。其前身中国国际航空公司成立于 1988 年。2002 年 10 月，中国国际航空公司联合中国航空总公司和中国西南航空公司，成立了中国航空集团公司，并以联合三方的航空运输资源为基础，组建新的中国国际航空公司。2004 年 9 月 30 日，经国务院国有资产监督管理委员会批准，作为中国航空集团控股的航空运输主业公司，中国国际航空股份有限公司在北京正式成立。2004 年 12 月 15 日，中国国际航空股份

有限公司在香港（股票代码 0753）和伦敦（交易代码 AIRC）成功上市。

国航的企业标识由一只艺术化的凤凰和中国改革开放的总设计师邓小平同志书写的"中国国际航空公司"以及英文"AIR CHINA"构成。"凤凰"是中华民族远古传说中的祥瑞之鸟，为百鸟之王。国航标志是凤凰，集中体现在"中国红 凤凰体 VIP"上。标志颜色为中国传统的大红，造型以简洁舞动的线条展现凤凰姿态，同时又是英文"VIP"（尊贵客人）的艺术变形。"凤凰者，仁鸟也"，"见则天下宁"，凤凰"出于东方君子之国，翱翔四海之外"，撷英咀华，志存高远。国航推崇的凤凰精神的核心内涵是"传递吉祥，引领群伦，超越自我"。国航愿景是"全球领先的航空公司"，使命是"安全第一，四心服务，稳健发展，成就员工，履行责任"，价值观是"人本，担当，进取，乐享飞行"，品牌定位是"专业信赖，国际品质，中国风范"。国航航徽如图 8.1 所示。

国航承担着中国国家领导人出国访问的专机任务，也承担着许多外国元首和政府首脑在国内的专包机任务，这是国航独有的国家载旗航的尊贵地位。国航总部设在北京，辖有西南、浙江、重庆、天津、上海、湖北、贵州、西藏和温州分公司，华南、华东基地等。国航主要控股子公司有中国国际货运航空有限公司、深圳航空有限责任公司、大连航空有限责任公司、北京航空有限责任公司、中国国际航

图 8.1 国航航徽

空内蒙古有限公司、澳门航空有限公司、国航进出口有限公司、成都富凯飞机工程服务有限公司、中国国际航空汕头实业发展公司等，合营公司主要有北京飞机维修工程有限公司（Ameco）、四川国际航空发动机维修有限公司，另外，国航还参股国泰航空、山东航空等公司，是山东航空集团有限公司的最大股东。曾为国航控股、现中翼公司旗下的北京航空食品有限公司于 1980 年 5 月 1 日在北京成立，是我国《中外合资经营企业法》颁布后的第一家中外合资企业。

截至 2018 年 12 月 31 日，国航（含控股公司）共拥有以波音、空客为主的各型飞机 684 架，平均机龄 6.73 年；经营客运航线已达 754 条，其中国际航线 138 条，地区航线 27 条，国内航线 589 条；通航国家（地区）42 个，通航城市 184 个，其中国际 66 个，地区 3 个，国内 115 个；通过与星空联盟成员等航空公司的合作，将服务进一步拓展到 193 个国家的 1317 个目的地。

二、中国东方航空集团有限公司

中国东方航空集团有限公司，简称东航，英文名称为"China Eastern Airlines Corporation Limited"，简称"China Eastern"，IATA 代码是 MU。中国东方航空集团有限公司前身为 1988 年成立的中国东方航空公司。2002 年，东航与中国西北航空公司、云南航空公司联合重组。中国东方航空集团公司控股中国东方航空股份有限公司，拥有

其 61.64% 的股权。中国东方航空集团有限公司于 2002 年 10 月 11 日在北京人民大会堂宣告成立。中国东方航空集团有限公司是以原东方航空集团公司为主体，兼并原中国西北航空公司、联合原中国云南航空公司组建而成，是国务院国资委监管的中央企业，是我国三大骨干航空运输集团之一。

东航的 LOGO 是一只飞翔的燕子，采用红蓝色搭配以及字体组合方式。设计大部分改为圆弧，整体流线型的处理使她看上去更加舒展，仿佛看到一只挣脱束缚后奔向自由、奔向蓝天的燕子。LOGO 使用红蓝品牌基准色，燕首及双翅辉映朝霞的赤红——"日出东方"，升腾着希望、卓越、激情；弧形的尾翼折射大海的邃蓝——"海纳百川"，寓意着广博、包容、理性，巧妙地呼应东航"激情超越、严谨高效"的企业精神。LOGO 承载着对旅客和顺吉祥的祝愿；突破了保守的对称式圆框设计风格，优化了硬朗尖锐的线条，令轻盈灵动的"领头燕"昂首高飞，彰显出东航人开拓创新、奋发有为的进取精神。形如大桥飞架的翅膀寓意东航振臂架设往来交流的桥梁；圆润的弧形燕尾形似连接天际的彩虹和闻名世界的黄浦江湾，寓意连接五湖四海之间的和谐欢畅。飞燕姿态自然勾勒出"China Eastern"的首字母"CE"，又形似跃动的音符，显示了东航推动品牌无国界的竞合意识。东航航徽如图 8.2 所示。

图 8.2　东航航徽

借助天合联盟，东航构建起以上海为核心枢纽、通达全球 177 个国家 1074 个目的地的航线网络，年旅客运输量超过 1.1 亿人次。"东方万里行"常旅客可享受天合联盟 20 家航空公司的会员权益及全球超过 600 间机场贵宾室。公司运营着超过 650 架、平均机龄 5.39 年的全球最年轻大型机队，拥有中国规模最大、商业和技术模式领先的 75 架互联网宽体机队，在中国民航首家开放手机等便携式设备在机上使用。

三、中国南方航空集团有限公司

中国南方航空集团有限公司，简称南航，英文名称为"China Southern Airlines Company Limited"，简称"China Southern"，IATA 代码是 CZ。总部设在广州 1984 年，中国民航局进行重组，将其业务部门分拆为 4 个主要的航空公司。其中，民航广州管理局下辖中国南方航空公司，并于 1991 年 2 月 1 日正式挂牌成立。1992 年 12 月 20 日，中国民用航空局实施体制改革，中国南方航空公司与民航广州管理局正式分开，成为自主经营、自负盈亏的经济实体，直属中国民用航空局。

南航航徽由一朵抽象化的大红色木棉花衬托在宝石蓝色的飞机垂直尾翼图案上组成，航徽色彩鲜艳，丰满大方。在中国南方人心目中，木棉花象征高尚的人格。因木棉花所象征的坦诚、热情的风格，塑造公司的企业形象，表示自己将始终以坦诚、热情的态度为广大旅客、货主提供尽善尽美的航空运输服务。

木棉花是我国南方特有花卉，木棉花树干挺拔高大，每年开春，木棉花先于树叶开放，花朵硕大，红艳艳地布满枝头，远望近观，皆富情趣。在我国南方人心目中，木棉花象征高尚的人格，人们赞美她，热爱她，广州市民还把她推举为自己的市花，视为图腾。

中国南方航空集团有限公司选择木棉花作为航徽的主要内容，一方面是因为公司创立时总部设在南方地域广州，木棉花航徽既可以显示公司的地域特征，也可顺应南方人民对木棉花的喜爱和赞美。另一方面，木棉花象征坦诚、热情的风格，能够塑造公司的企业形象，表示自己将始终以坦诚、热情的态度为广大旅客、货主提供尽善尽美的航空运输服务。南航航徽如图 8.3 所示。

中国南方航空股份有限公司拥有新疆、北方等 16 家分公司，在杭州、青岛等地设有 22 个国内营业部，在新加坡、纽约等地设有 69 个国外办事处。此外，南航股份还投资了雄安航空、厦门航空等 23 家全资、控股子公司，12 家联营参股公司，4 家合营公司。目前，南航每天有 3000 多个航班飞至全球 40 多个国家和地区、224 个目的地，航线网络 1000 多条，提供座位数超过 50 万个。通过与合作伙伴密切合作，航线网络延伸到全球更多目的地。

图 8.3　南航航徽

2018 年，南航旅客运输量达 1.4 亿人次，连续 40 年居我国各航空公司之首。截至 2019 年 1 月，南航运营包括波音 787、777、737 系列，空客 A380、A330、A320 系列等型号客货运输飞机超过 840 架，是全球首批运营空客 A380 的航空公司。机队规模居亚洲第一、世界第三。

四、海南航空控股股份有限公司

海南航空控股股份有限公司，简称海航，英文名称为"Hainan Airlines Company Limited"，简称"Hainan Airlines"，IATA 代码是 HU。海南航空控股股份有限公司于 1993 年 1 月成立，起步于我国最大的经济特区海南省。1993 年至今，海南航空连续安全运营 26 年，累计安全运行超过 700 万飞行小时。2018 年，海南航空及旗下控股子公司共运营国内外航线 2000 余条，其中，国内航线近 1800 条，国际航线 244 条，航线覆盖亚洲，辐射欧洲、北美洲和大洋洲，通航境外 63 个城市。海南航空在北京、广州、海口、深圳等 24 个城市建立航空营运基地 / 分公司。

海航的航徽按对称设计，线条流畅而锋锐，如泰山磐石般坚实而稳定，极具穿透力和扩展力。其色调，选定庄严的红色和暖人的黄色。红色是生命之色，黄色是中华大地本色。航徽的顶端，是日月宝珠，寓意

图 8.4　海航航徽

东方文化中至高至深的自然；其环形构图，是从东方文化传说中的大鹏金翅鸟幻化而成；底部是浪花的写意表达，寓意海航将一石激起千重浪，惊涛拍岸，卷起千堆雪。海航航徽如图 8.4 所示。

海南航空是继中国国际航空公司、中国东方航空公司、中国南方航空公司后中国第四大的航空公司，拥有波音 787、波音 737 系列，空客 A350 系列和空客 A330 系列为主的年轻豪华机队，适用于客运和货运飞行，为旅客打造独立空间的优质头等舱与宽敞舒适的全新商务舱。截至 2019 年 2 月，共运营飞机 244 架，其中主力机型为波音 737-800 型客机，宽体客机 73 架。

五、上海航空股份有限公司

上海航空股份有限公司，简称上航，英文名称为"Shanghai Airlines Co., LTD"，简称"Shanghai Airlines"，IATA 代码是 FM。前身是上海航空公司，成立于 1985 年 12 月，是我国第一家多元化投资的商业性质有限责任航空企业。2010 年 1 月 28 日，以东航换股吸收合并上航的联合重组顺利完成，上航成为新东航的成员企业。2010 年 5 月 28 日，作为东航全资子公司的上海航空股份有限公司正式挂牌运营。

上航标识主体呈变形简化的白鹤，象征吉祥、如意、展翅飞翔；并将公司名称的缩写"SAL"也组合进图案中，鹤翅与硕长的鹤颈连成的柔和曲线代表"S"，鹤头代表"A"，鹤翅与鹤尾相连代表"L"。外形呈上海的"上"字，整体为红尾翼上翱翔的白鹤。上航将白鹤作为标识的主体，就是祝愿公司万事如意，不断勇往直前。标识内涵为安全平稳、稳健有力、蓬勃向上、欣欣向荣、百折不挠、一往无前。上航航徽如图 8.5 所示。

图 8.5　上航航徽

上航拥有以波音及空客为主的先进机队 70 余架，开辟国内航线百余条，还通达了日本、韩国、泰国、澳大利亚、新加坡、吉隆坡、莫斯科、香港、澳门和台北等 17 条中远程国际及地区航线，年运输旅客 1239.54 万人次。

六、山东航空股份有限公司

山东航空股份有限公司成立于 1999 年 12 月 13 日，其前身是 1994 年成立的山东航空有限责任公司，总部设在济南。山航集团以股权关系为纽带，控股山东航空股份有限公司、山东太古飞机工程有限公司、山东翔宇航空技术服务有限责任公司、山东航空新之航传媒有限公司、山航酒店管理公司等子公司和分支机构，形成了以运输业为龙头，集航空运输、飞机维修、航空培训、酒店旅游、广告业务为一体的上下游业务配套发展的经营格局。

山航航徽中三"S"形曲线代表擅长飞翔、纪律严明的飞雁，同时它可成为团结一致的象征。飞雁的三个"S"形翅膀看上去也像中文"山"字。三个"S"分别代表"Shandong"山东、"Safety"安全和"Success"成功。山航航徽如图 8.6 所示。

图 8.6　山航航徽

截至目前，山航拥有波音 737 系列飞机 123 架，在济南、青岛、烟台、厦门、重庆、北京、乌鲁木齐、贵阳等地设有分公司和飞行基地。目前经营国内、国际、地区航线共 200 多条，每周 3700 多个航班飞往全国 80 多个大中城市，并开通中国台湾地区航线和韩国、日本、泰国、柬埔寨、印度等国际航线。

七、深圳航空有限责任公司

深圳航空有限责任公司，简称深航，英文名称为"Shenzhen Airlines"，IATA 代码是 ZH。深圳航空有限责任公司成立于 1992 年 10 月，是由广东广控（集团）公司、中国国际航空公司等五家公司共同投资的航空公司，于 1993 年 9 月 17 日正式开航，是一家位于广东深圳的航空公司。

"民族之鹏"是深圳航空的标志。"民族之鹏"是中国传统文化和现代文化集合的图腾。图案和谐融汇，红金吉祥映衬，凝聚东方文化的精髓。挺拔傲立，充满生机，体现果断进取的精神。标志造型气势磅礴，沉着矫健。呈高瞻远瞩，胸怀万物，根基稳固之三态。一为睿智定乾坤，二是同心创辉煌，三生万物盛千里代表深圳航空"沉稳、诚信、进取"的理念。深航航徽如图 8.7 所示。

图 8.7　深航航徽

截至目前，深航主体共拥有波音 737，空客 A330、320、319 等各类型客机 200 余架，经营国内、国际航线 200 余条；员工超过 2.3 万人；分支机构遍布全国多个城市。

第三节　空中交通管制服务和通用航空服务保障体系

【知识导航】

空中交通管制服务（ATC）是空中交通服务的一部分。空中交通服务还包括飞行情报服务和告警服务。

一、空中交通管制服务的任务

空中交通服务包括空中交通管制服务、飞行情报服务、告警服务。空中交通管制服务的任务如下：

（1）防止航空器在空中相撞；

（2）防止航空器在机场机动区与障碍物相撞；

（3）加快空中流量；

（4）保持有序的空中交通流。

二、空中交通管制系统的分类

按照管制范围的不同，可分为机场塔台管制、进近管制、间隔控制和区域管制四种。

图 8.8　机场控制塔台

机场管制服务是指在机场内起落航线上为飞行提供的服务。它是防止航空器相撞以及在机动区内航空器与障碍物相撞，维护并加速有秩序的空中飞行活动，向在机场附近飞行、接受进近管制服务以外的航空器提供空中交通管制服务。如图 8.8 所示。

1. 机场管制服务

由机场管制塔台提供，管制员也叫塔台管制员，负责飞机进入跑道的运动和按目视飞行规则在机场控制的起降航线上飞行的交通管制。如图 8.9 所示。

图 8.9　机场管制服务人员

大的机场还有地面管制员，控制在跑道之外的机场地面上所有航空器的活动，包括滑行道、机坪上的航空器活动。

地面管制员负责给飞机的发动机启动许可、进入滑行道的许可，对于到达的飞机，当飞机滑出滑行道后，由地面管制员安排飞机运行至机坪或候机楼。

机场管制地带通常由机场名称加上机场管制地带进行命名。

2. 进近管制（终端管制）服务——进近管制室

定义：为按仪表飞行规则飞行的航空器在起飞或降落阶段提供的服务。

目的：为防止航空器相撞，维持并加速有秩序的空中飞行活动，向进场或离场飞行阶段接受管制的航空器提供空中交通管制服务。

管制区范围：仪表着陆、起飞、必要的等待空域。

进近管制区是塔台管制区和区域管制区的连接部分。由进近管制中心负责进近管制区的空中交通管制服务。根据飞行繁忙程度，可以单独设立，也可以与机场的塔台管制合二为一。例如，北京、上海和广州三地的机场就因其繁忙而单独设有进近管制区。

进近管制区的下限通常在距离地面或者水面 200 米以上，或者为机场塔台管制区的上限。特殊情形的，另有规定。进近管制区的上限通常不超过标准大气压高度 6000 米，并取某个飞行高度层为其值。

进近管制（终端管制）区的外围边界呈阶梯状，确定外围边界时，已经充分考虑进近管制区内的最小爬升梯度、机场标高、机场管制地带的半径，以及管制区阶梯状外围边界是否与机场周围空域和地理环境相适应并符合有关的安全标准。

3. 间隔控制

（1）离场控制：一般机场都制定出一个标准仪表离场程序，它对飞机离场的航向、高度和转弯的地点、时间都有规定，进近管制员只要给出间隔，驾驶员就按照这个程序飞到航路区域。

（2）等待航线：当进近着陆的飞机较多而且大约同一时间到达时，为保证飞机正常的着陆间隔，必须由管制员制造出间隔以保证飞机的降落程序。这需要依靠等待航线来实现。等待航线在机场控制区的保留空域，在地面设有无线电信标，飞机围绕信标在它上面分层盘旋飞行。

4. 区域管制服务——区域管制中心

定义：是指航空器进入航路、对航路（线）提供的空中交通管制服务。

区域管制的目的：防止航空器相撞，维持并加速有秩序的空中飞行活动，向接受进近和机场管制服务以外的航空器提供空中交通管制服务。

区域管制的范围：按仪表飞行规则运行的所有航路和航线、仪表等待航线区域和空中放油区等特殊飞行区域。

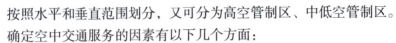

按照水平和垂直范围划分，又可分为高空管制区、中低空管制区。

确定空中交通服务的因素有以下几个方面：

（1）所涉及的各种飞行活动的类型和复杂性；

（2）空中交通的密度；

（3）气象条件；

（4）其他可能因素，包括地理条件等。

三、早期管制手段——程序管制

在雷达引入空中交通管制之前，主要使用无线电通信按照规定的程序来完成管制，所以称为程序管制。

在组织飞行时，程序管制员的基本信息和手段来自飞行计划和飞行进程单。

1.飞行计划的定义、目的和内容

飞行计划是由航空器使用者（航空公司或驾驶员）在飞行前提交给空中交通服务部门的关于这次飞行的详细说明。

空中交通服务单位根据批准的飞行计划对航空器提供管制、情报等服务；在航空器发生故障时，飞行计划能够提供搜索和救援的基本数据。

飞行计划的内容包括航路、目的机场、预计飞行时间、纪要、起飞油量、备降机场、机长姓名、飞行规则、飞机的编号、飞机型号、真空速、起飞机场、起飞时间及巡航高度、速度等。

2.飞行进程单的定义和内容

飞行进程单是各个管制单位收到飞行计划后填写飞行进程单来实行和记录程序管制的过程。

飞行进程单内容包括飞机的识别号、进程单的编号、飞机的型号和计算机识别号等。

四、现代管制手段——雷达管制

1.雷达基本原理

雷达发射无线电波在遇到障碍时发生反射，从而利用接收反射的信号探测前方的物体。雷达使用脉冲波而不使用非连续波。

航管雷达分为一次雷达和二次雷达。雷达利用发射和接收电磁波的时间差计算出距离。雷达主要用于助航导航，合理利用空间间隔，保证最小安全高度。

一次雷达发射的一小部分无线电脉冲被目标反射回来并由该雷达收回加以处理和显示，在显示器上只显示一个亮点而无其他数据。

一次雷达包括：①机场监视雷达；②航路监视雷达；③机场地面探测设备。

二次雷达也叫作空管雷达信标系统，可获取飞机编号、高度和航向等参数。

雷达管制包括：①目标的识别和移交；②雷达间隔；③雷达协助导航；④最小安全高度警告。

2.空中交通管制的责任和移交

空中交通管制的责任：一次控制的飞行在一个空域中只能由一个管制单位来管理；也就是说，一个交通管制单位必须为在它管制之内的空域中的所有航空器的安全负责。

空中交通管制责任的移交：为防止在移交过程中因程序混乱和责任不清而出现重大事故，有如下移交规则：

（1）两个管制区域的移交。管制航空器的单位要把航空器越过管制区边界的时间通知下一个管制区，进行移交。

（2）区域管制和进近管制之间的移交。要双方管制员统一，然后通知驾驶员，进行移交。

（3）进近管制和机场管制之间的移交。在地面由机场管制员负责；在空中主要依据其飞行规则，按目视飞行规则飞行的由机场管制负责，按仪表飞行规则的飞行由进近管制负责。

3.管制许可

管制许可的内容包括飞机的编号、许可范围、航路、飞行高度层以及在进近或离场时必要的机动飞行。

管制许可能够控制空中交通流量。当一个管制空域上飞行过于密集，在一个特定的时间内，管制能力处理不了这么多的飞行，这时必然要发生较长时间的延误。这时管制单位要通知其他单位控制许可，减少空中拥挤，或通知驾驶员将会有较长的延误。

五、通用航空三大服务保障体系

通用航空服务保障体系主要由通航机场、固定运营基地（FBO）、飞行服务站（FSS）、维修站（MRO）组成。在通航机场建设的基础上，FBO、FSS和MRO三大服务保障体系的配套建设尤为关键。

FBO英文全称为Fixed Base Operator，其含义就是固定运营基地。它起源于美国，是为通用航空，尤其是为私人飞机和公务飞机服务的产业。一方面，FBO代表包括公务机候机楼、与候机楼连接的停机坪、机库以及维修车间等四部分组成的综合设施及建筑；另一方面，FBO可以为公务机运行提供停机服务、飞机及旅客地面保障服务、加油服务、机组航务及签派服务、飞机航线及维修定检服务等。FBO其实并不是机场，而是机场的管理体系，属于一种软件体系。规模最大的FBO管理公司BAA在美国拥有上千个FBO。我国目前对FBO没有明确的定义，但是业内人士一般定义为：FBO是设在机场为除了航班飞行之外的小飞机，特别是公务机和私人飞机提供加油、维修等综合服务的通用航空服务企业。

FBO 的服务对象主要是通用航空飞机，特别是公务机和私人飞机。如我国以密云机场为基础，由北京华彬天星通用航空有限公司、北京华彬天星机场投资管理有限公司建设了华北首家 FBO 运营模式的通航机场。其业务范围是比较广泛的，除了飞机的维护、维修外，还包括飞机的销售、租赁和飞行培训等方面的综合服务；为私人飞机客户提供全方位的立体服务。

公务型 FBO 提供的服务内容包括：① 外场服务：航空器停场；航空器加油；航空器日常服务。② 维修服务：整机保养、维修；零部件维修；内部装饰及改装；航材销售。③ 飞行保障服务：航线选择、航路申请及确认；政府联检、机组过站等；飞机落地许可申请。④ 新兴服务：航空器销售；包租机服务；飞行培训服务。⑤ 非营利性服务：旅客休息大厅；设有驾驶员休息室（配有地图、气象信息、通信等）；具有会议室，以及娱乐设施。⑥ 延伸服务：汽车租赁、酒店预订、会展、礼宾服务；各种特殊的商业或私人服务。

FSS 英文全称为 Flight Service Station，其含义是飞行服务站。这一设施和概念源于通用航空非常发达的美国，在美国各类民用及通用航空活动中担负着重要的功能和作用。美国联邦航空管理局（FAA）的飞行服务站为通用航空提供广泛的飞行服务，包括提供气象服务、飞行计划服务、飞行支援和其他需要的帮助。通用航空的经营者通常可以通过计算机网络的方式，向飞行服务站申报备案飞行计划。私人飞行可到飞行服务站当面申报备案，或以电话、空中传递、空地对讲等方式申请飞行计划。

飞行服务站基本服务功能包括：飞行计划服务、航空情报服务、航空气象服务、飞行情报服务、告警和救援服务。

飞行服务站提供的飞行计划服务内容包括：飞行计划的申报服务、飞行计划的变更服务、飞行计划实施报告处理、飞行计划完成报告处理、飞行计划存储等功能；提供航空情报服务应当收集、上传本飞行服务站服务范围内的原始航空情报数据，并向通用航空用户提供所需航空资料汇编、航图、航行通告、飞行前和飞行后航空情报等服务。此外，飞行服务站应具备接收天气报告、提供飞行前和飞行中气象服务、接收飞行员气象报告的功能，并提供本飞行服务站服务范围内的机场或者起降点的气象观测信息。飞行服务站应当提供飞行情报传输服务、空中交通咨询服务和机场情报咨询服务，以及告警和救援服务。

早在 2005 年 9 月，由民航局空管局、飞标司、西南管理局、西南空管局和民航西藏区局有关各部门人员组成的中国民航 RNP 运行考察团赴美国西雅图、安克雷奇和朱诺等地进行了考察、交流。考察团主要就涉及 RNP 标准、技术及运行等方面问题进行了广泛的考察、学习。其间，美方安排考察团到美国联邦航空局（FAA）所属的阿拉斯加地区朱诺自动飞行服务站进行了参观。通过双方的交流，考察团对朱诺自动飞行服务站产生了浓厚的兴趣，并从获得的有关信息和资料中对美国飞行服务站有了进一步的了解。

飞行服务站是国家实施低空空域管理改革试点建设的重要配套工程项目，可为通用航空活动提供重要的飞行保障服务，也是发展过程中的新生事物。根据民航局《关于珠海开展航空服务站试点建设有关问题的意见》精神，由民航局负责指导和规范飞行服务站的建设和管理，纳入民航空管行业管理体系。为了让通用飞机能自由飞翔，我国2012 年共批准在珠海三灶、深圳南头、沈阳法库和海南东方市成立首批通航飞行服务站。2012 年 11 月 13 日，珠海飞行服务站举行了隆重的挂牌仪式，这标志着国内首个由地方政府投资兴建的通用航空飞行服务站正式成立。我国首个通航飞行服务站揭牌意味着首条珠海—阳江—罗定低空飞行路线已实质性开通。珠海通航飞行服务站提供飞行计划审批、航空情报、飞行情报、告警和救援服务，乃至地面加油等一系列地面服务。

为了更好地落实国家关于低空空域管理改革全面推进的战略决策，配合国家空管委办公室落实"十二五"期间飞行服务站布局建设工作部署，2012 年 11 月 23 日，中国航空运输协会通用航空委员会在天津召开了"关于飞行服务站（FSS）建设研讨会"。主要议题是收集、整理有关企业所的机场或使用空域需要建设飞行服务站（FSS）的需求。内容包括所使用的机场或空域的具体情况、需要建设的理由、具体建设地点、建设规模等等。会后由通用航空委员会整理相关资料向空管委汇报并协调推进。

MRO 是英文全称 Maintenance,Repair&Operations 的缩写。即，Maintenance 为维护，Repair 为维修、Operation 为运行。通常是指在实际的生产过程中不直接构成产品，只提供用于维护、维修运行设备的物料和服务。在航空业，MRO 一开始表述的是飞机及军用装备的维修、保养、管理，是指对设备的维护、保养和维修，以确保设备能够在其生命周期中发挥最大作用，维持正常运行。目前普遍是指飞机的维护、维修与大修。2005 年 5 月 23 日，中国民用航空局令第 104 号《民用航空器维修单位合格审定规定》中的"维修"，是指对民用航空器或者民用航空器部件所进行的任何检测、修理、排故、定期检修、翻修和改装工作。

国际知名咨询公司 TeamSAI 曾预测，全球 MRO 业的规模将从 2011 年的 469 亿美元增加到 2022 年的 690 亿美元，年均增长率为 3.9%。而其中，发动机业务将保持最快增长率。其中，亚洲市场 2011 年的 MRO 规模为 116 亿美元，占世界份额的 25%，到2022 年则上升至 30%，年均增长率达到 6.8%，高于世界其他地区 MRO 业的增长率。

根据最新数据显示，当前我国机务维修人员已增长至 11 万余人，我国民航局（CAAC）批准的国内外维修单位总数达到 859 家，其中国内维修单位数量达到 467 家，国外 / 地区维修单位为 392 家。从专业角度来说，我国民航维修分为飞机机体维修、发动机维修和零部件维修三类。国内 CCAR-145 部维修单位 467 家中，能够从事机体项目维修 (含航线维修) 的有 302 家，能够从事动力装置项目维修的有 56 家，能够从事螺旋桨项目维修的有 11 家，能够从事部件项目维修的有 220 家，能够从事特种作业项目维修的有126 家。2018 年，我国航空维修规模达到 1242.9 亿元。

我国航空运输业的持续快速发展带动航空维修市场的持续快速增长，随着机队规模的日益扩大，我国民航维修业的市场需求十分巨大。在我国培育出世界级的 MRO 企业不仅是民航强国的要求，也是我国民航业发展逐渐成熟的标志。民航局在对"民航强国"的表述中提到了对国内 MRO 业的期望：2010—2020 年，形成 3 个大型的维修集群；2020—2030 年，在我国培育出 1~2 个世界级的 MRO 企业。

全球航空公司运营和维修管理者、制造商和供应商的定期沟通与交流，是通过 MRO 系列会议与展览实现的。MRO 系列会议与展览由美国航空周刊集团创办。首届 MRO 会议与展览于 1995 年在美国德克萨斯州的达拉斯城召开，随后分别于 1998 年、2001 年在德国柏林、我国香港推出了 MRO EUROPE 和 MRO ASIA 会议与展览。现在这一系列会议和展览已成为全球航空维修业的一大盛事，每年吸引上万人参与其中。

中国航空维修峰会（MRO China）是以日益繁荣的我国航空维修市场为背景召开的航空维修界的一大盛会，峰会的宗旨是继续搭建中国航空维修业界的高层交流平台，进一步促进各大航空公司、制造商和供应商的高层管理者的定期沟通与交流。MRO China 每年举行一次。首届中国航空维修峰会于 2005 年 9 月 20 日在北京成功召开。2008 年、2009 年、2010 年、2011 年、2012 年和 2013 年、2014 年、2015 年、2016 年、2017 年和 2018 年分别在深圳、成都、昆明、厦门、西安、北京、上海、西安、上海、成都和厦门相继成功举办。每届 MRO China 都邀请局方、航空公司、维修企业、制造商等行业企业围绕中国航空维修市场的热点话题展开，并特别关注我国维修市场的个性问题。

【思考与练习】

1. 简述中国民航的管理体制。
2. 四大航空运输企业有哪几家？
3. 通用航空三大服务保障体系有哪些？

第九章　航空人员

【学习目标】

1. 掌握航空人员的基本概念。
2. 了解空勤人员的工作职责和内容。
3. 了解地面服务人员和安检人员的工作职责和内容。

第一节　航空人员概述

【知识导航】

航空人员，英文是"airmen"，亦称"aviation personnel"，是指持有执照、从事直接与空中航行有关工作的专业人员。

空勤人员，包括驾驶员、领航员、飞行机械人员、飞行通信人员、乘务员等。

地面人员，包括地面服务人员、地面安检人员、民用航空器维修人员等。

一、航空人员的地位

航空人员在实施空中航行中处于十分重要的地位。只要开展空中旅行，就缺少不了驾驶员和其他空、地勤人员，对于有效而安全的运行来说，他们的能力、技巧和训练就是必要的保证。

航空人员的地位体现在以下三个方面：

（1）航空人员是实施航空活动中最活跃也是主观性最强的因素。

（2）航空人员对民用航空活动的安全起着十分重要的作用。

图 9.1　空乘服务人员

（3）在民用航空运输生产和通用航空生产中，航空人员是最为重要的生产力。空乘服务人员如图9.1所示。

由于当今航空器运行的种类很多，也很复杂，所以就必须防止由于人们的差错或一个系统组成部分的失效而导致整个系统崩溃的可能性。正因为如此，在空中航行活动中，各类航空人员都是不可缺少的，都应当符合规定的条件，各司其职，各负其责，团结协作，紧密配合，切实保障飞行安全。为此，对于航空人员的资格及其管理，都必须建立起一整套的、严密的规章制度，在法律上予以保障，使之遵照执行。

二、航空人员的责任

航空人员对保障飞行安全负有重大责任，应当严格履行职责，恪尽职守，保护民用航空器及其所载人员和财产的安全。否则，要承担法律责任。

《中华人民共和国民用航空法》（见图9.2）作出如下规定：

（1）航空人员玩忽职守，或者违反规章制度，导致发生重大飞行事故，造成严重后果的，分别依照、比照《刑法》第一百八十七条或者第一百一十四条规定追究刑事责任。（第一百九十九条）也就是说，根据《刑法》的规定，对有关航空人员追究刑事责任，将判处三年以下有期徒刑或者拘役；情节特别严重的，将判处三年以上七年以下有期徒刑。对于未构成犯罪的，需要追究行政责任的，也将给予相应的行政处罚。

（2）违反本法第四十条的规定，未取得航空人员执照、体格检查合格证书而从事相应的民用航空活动的，由国务院民用航空主管部门责令停止民用航空活动，在国务院民用航空主管部门规定的期限内不得申领有关执照和证书，对其所在单位处以二十万元以下的罚款。

（3）有下列违法情形之一的，由国务院民用航空主管部门对民用航空器的机长给予警告或者吊扣执照一个月至六个月的处罚，情节较重的，可以给予吊销执照的处罚：

① 机长违反本法第四十五条第一款的规定，未对民用航空器实施检查而起飞的；

② 民用航空器违反本法第七十五条的规定，未按照空中交通管制单位指定的航路和飞行高度飞行，或者违反本法第七十九条规定飞越城市上空的。

（3）民用航空器的机长或者机组其他人员有下列行为之一的，由国务院民用航空主管部门给予警告或者吊扣执照一个月至六个月的处罚：

① 执行飞行任务时，不按照本法第四十一条的规定携带执照和体格检查合格证书的；

② 民用航空器遇险时，违反本法第四十八条的规定离开民用航空器的；

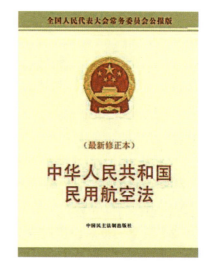

图9.2 《中华人民共和国民用航空法》

③违反本法第七十七条第二款的规定执行飞行任务的。

三、航空人员的管理制度

航空人员的管理制度就是对航空人员进行训练与管理的制度，使他们把错误降低到最低限度，并使他们成为有能力、灵巧、熟练、能够胜任工作的人员。

航空人员的管理制度主要包括：航空人员的资格管理制度、航空人员的工作时限管理制度和航空人员的体检制度。

> 航空人员的执照及分类——民用航空器维修人员执照、空中交通管制人员执照、飞行人员执照、飞行领航员执照、飞行无线电通信员执照、乘务人员执照等。

航空人员相关执照如图9.3所示。

图9.3　航空人员相关执照

航空人员取得的体格检查合格证书具体有以下几种：

（1）Ⅰ级体检合格证、Ⅱ级体检合格证；

（2）Ⅲ级体检合格证，包括Ⅲa、Ⅲb级体检合格证；

（3）Ⅳ级体检合格证，包括Ⅳa、Ⅳb级体检合格证；

航空人员体检合格证的有效期分为 6 个月（临时体检合格证自签发之日起生效，有效期为 60 天）、12 个月、24 个月［Ⅲa 级体检合格证：机场塔台管制员、进近管制员、区域管制员、进近（监视）雷达管制员、进近（精密）雷达管制员、区域（监视）雷达管制员的为 24 个月，其中年龄满 40 周岁以上者为 12 个月；对于Ⅲb 级体检合格证，空中交通服务报告室管制员、地区管理局调度室管制员、总局调度室管制员和飞行签派员的为 24 个月；Ⅳ级体检合格证的有效期为 12 个月］。航空人员体检合格证如图 9.4 所示。

_____级体检合格证 CLASS OF MEDICAL CERTIFFICATE 编号 No. _____ 姓名 Name _____ 性别 Gender _____ 出生年月 _____ Date of birth 国籍 Nationality _____ 　　持证人的身体情况满足《民用航空人员体检合格证管理规则》(CCAR－67FS)规定的相应类别体检合格证的医学标准。 　　The holder has met the medical standards in CCAR－67FS，for this class of Medical Certificate.	限制： Limitations 体检鉴定 结论日期：_____年___月___日 Date of examination 主检医师： Aviation Medical Examiner 签发人： Signature of issuing officer 发证(生效)日期： 　　　　_____年___月___日 Date of issue(effect) 有效期至：_____年___月___日 Date of expiry 发证单位(盖章) Stamp of issuing authority

注：民用航空人员体检合格证尺寸为长 16cm、宽 12cm。

图 9.4　航空人员体检合格证

第二节　空勤人员

【知识导航】

　　空勤有许多种类，如技师类，主要负责对飞机的检查维修；航管类，主要负责飞机的地面导航和监控；服务类，也就是所谓的乘务人员和空保人员。

一、空勤人员分类

空勤人员是指持有执照，主要职责是操纵飞行期间的航空器或者为飞行提供服务的工作人员，包括正驾驶（机长）、副驾驶、领航员、通讯员、乘务员等。

图 9.5　飞行员

1. 机长

机长在飞行中拥有最高的法律地位和至高无上的权力，在航空活动中机长对航空器和旅客的安全负有直接的也是最终的责任。我国《民用航空运输机长职责》中规定，机长是依据中国民用航空规章取得航线运输驾驶员执照，并被航空运输企业聘为机长的飞行员。如图 9.5 所示。

机长的相关基本知识介绍如下：
- 中英文名称：机长 Captain；
- 全称：民用航空器运输机长；
- 别名：正驾驶；
- 制服特点：衣服上有四条金色或白色斑纹；
- 机长要求：积累飞行 5000 小时等；
- 机长座位：驾驶舱左侧。

飞行人员佩戴的标志如图 9.6 所示。

图 9.6　飞行人员佩戴的标志

机长的标志——四道杠，分别代表什么呢？

第一条杠：代表的是 Profession——行业；

第二条杠：代表的是 Knowledge——知识；

第三条杠：代表的是 Flying Skill——飞行技术；

第四条杠：代表的是 Responsibility——责任。

2. 副驾驶

负责飞机的驾驶工作，确保航行安全；负责处理飞机上的意外事件、突发情况；在遇到突发情况时，根据上级的命令改变航向，确保飞机安全。

一般情况下，在我国从一个完成基础飞行培训的学员成长为正式的机长，这期间要经历大概八个阶段，即跟机观察员、全程右座、第一阶段副驾驶、第二阶段副驾驶、第三阶段副驾驶、第四阶段副驾驶、左座副驾驶，然后才可以成为机长。

3. 领航员

领航员负责准确无误地确定飞机的航向；根据飞行计划指挥飞机驾驶员的飞行方向，确保航行安全；根据气象信息，在遇到意外情况时，确定新的航向，保证航行旅客安全。

4. 机械员

飞机机械员是指从事对飞机机械进行检查、校正、调整、维修、保养工作的飞机机械师。

飞机机械员任职条件如下：

① 飞行机械相关专业，大专以上学历，持有飞行机械员合格证和体检合格证；

② 掌握飞行原理和空气动力学，以及与发动机工作有关的基础气象学等知识；

③ 熟悉飞机设备、飞机各系统、飞机装载和发动机使用等；

④ 了解专业相关的英语知识，具有良好的职业道德和职业修养。

5. 通信员

通信员是在飞行过程中操纵航空器上的通信设备，完成飞行通信工作的专业人员，他们属于专业技术人员。

6. 乘务员

乘务员泛指民航客机上从事旅客服务的工作人员，主要职责是在民航飞机上确保旅客旅途中的安全和舒适（例如，为旅客供应飞机餐等餐饮），指导旅客使用机上安全设备以及在紧急情况下组织旅客逃离飞机等等。飞机客舱服务是民航运输服务的重要组成部分，它直接反映了航空公司的服务质量。

乘务员从业资格要求如下：

1）基本要求

诚实，正派，品德高尚，热爱民航服务工作，具有良好的职业道德修养，有较强的安全保密意识和高度的工作责任心，无不良嗜好；做事认真严谨，思维敏捷，遇事灵活应变，有较好的团队意识和服务意识。

2）年龄要求

乘务员并非吃"青春饭"，这只是由于目前国内乘务员队伍趋向年轻化、低龄化的一种表象。实际上，很多有丰富经验的老乘务人员，往往是各大航空公司的优秀人才。她们的经验、理念正是航空公司所迫切需要的。乘务员入职后，经过数年的经验积累，可以逐步晋升到乘务长、主任乘务长等。

3）身体要求

（1）五官端正，体格健康。

（2）身高：男：175~185厘米；

女：163~175厘米。

（3）体重：体重（千克）=「身高（厘米）-110」±「身高（厘米）-110」×10%。

4）语言要求

普通话标准，不低于国家标准的二级水平。现场报到时须出示外语等级证书原件，要求符合下列条件之一：

a. 本科毕业生须取得英语四级证书且口语流利；

b. 专科毕业生须通过英语应用能力A级考试（相当于大学英语三级水平），或取得大学英语三级以上水平的英语证书，口语流利；

c. 日语专业毕业生须取得日语能力测试3级以上证书。

7. 航空安全员

又称飞行安全员，是指在民用航空器中执行空中安全保卫任务的空勤人员。负责客货舱清舱及安全监察，维护飞机客舱秩序，保护旅客人身、财产安全，防范和制止破坏飞机以及防恐等安全工作，协助机长做好航空安保等工作。

航空安全员的基本工资以本地区定的基数为准。主要收入来自飞行补助，各个航空公司飞行补助是不一样的。航务安全员的工作年限一般以安全员的身体条件作为标准，如果身体条件好能飞到60岁退休。

航空安全员进行演习如图9.7所示。

图 9.7　航空安全员进行演习

8. 空中交通管制员

是指在机场、地区空管局等地工作，负责指挥飞机的起降以及飞行过程中的安全控则的专业人员。他们每天在塔台工作，管制员的工作目标中最根本的一条用三个字就可以概括：防相撞。这包括防止航空器之间以及航空器与其他障碍物相撞。客机一般都是沿着由无线电导航设备架设的航路飞行，这样确保飞机可以安全顺利地到达目的地，一旦偏离了航路，就可能迷失方向或者遇到危险。天上同样也会存在类似于地上的十字路口甚至更复杂的航路结构。每天有成千上万架飞机在航路上穿梭往返，上升下降，为了保证飞机不发生相撞，管制员需要在它们之间配备一定的间隔，只有在大于规定的间隔时，两架飞机才被认为是安全的。管制员每天坐在雷达屏幕前，密切监控着每一架飞机的飞行动态，通过无线电通信设备向飞行员发布各种指令，包括飞行高度、速度和航向等等。要做到这些，除了自身需要具备良好的素质以外，没有专业院校多年的学习和实际工作岗位上长期的磨炼也是无法胜任的。

空中交通管制员如图 9.8 所示。

图 9.8　空中交通管制员

二、空勤人员职责

（1）驾驶员的职责是负责领导机组的一切活动，对航空器和航空器所载人员及财产的安全、航班正常、服务质量和完成任务负责。

（2）领航员的职责主要是负责配合机场完成正常飞行、观察飞行航线、确保飞行高度等导航工作，多在军事航空器中任职，现在民用航空中也有所涉及。

（3）飞行机械员的职责是在驾驶舱中监视仪表，保证飞机仪器运转正常，确保飞行安全。

（4）飞行通信员的职责是操纵航空器中的通讯设备，使用各种通讯方法，按照一定的程序完成飞行通信工作，其中主要工作职责是在飞机正常飞行或出现紧急情况时履行相应的通信程序，使用各类通信设备。

（5）乘务员的职责是在民航飞机上确保旅客旅途中的安全和舒适，指导旅客使用机上安全设备以及在紧急情况下组织旅客逃离飞机等等。

第三节　地面服务人员

【知识导航】

机场地面人员就是机场地勤服务人员的简称，是民航系统内一个比较宽泛的概念。地面服务人员就是专在机场、航空公司及其代理企业为旅客、货主提供各种服务的服务人员。

从进入候机楼开始，旅客会遇到值机员、服务员、行李查询员等服务人员，他们是旅客在机场遇到的"最熟悉的陌生人"——机场地面服务人员。

一、值机员

值机员是指在航空公司中根据计算机系统安排旅客座位，发放登机牌的地面工作人员。旅客登机的登机牌及托运行李都是由他们办理。

说起来很轻松，但实际上他们要背出上百个三字代码、各种签证知识、几十个航班号和确定的始发时刻等等，对于旅客问的各种问题如何应答也要掌握。

例如，哪个洗手间最近？这个东西可以带进安检么？某某航空公司的售票柜台在哪里？过了安检有什么好吃的？等等。

每件托运行李，他们要贴标签，遇到超大和超重行李还要对旅客进行流程规章的解释。

二、机场贵宾服务

机场贵宾服务即指机场或其他服务机构为旅客提供的机场特殊服务，包括提供贵宾休息厅、离港陪同、贵宾中心停车场停车等。如图 9.9 所示。

图 9.9　机场贵宾服务

机场贵宾服务的主要服务内容分为贵宾送机与贵宾接机服务两类。

送机服务包括：① 预约服务；② 陪同到达贵宾中心停车场；③ 进入贵宾中心休息厅（设有茶点、饮料、报纸、杂志）；④ 由专人办理乘机手续及行李托运；⑤ 提供贵宾专用安检通道；⑥ 专人、专车送往登机。

接机服务：① 预约服务；② 由专人机舱口举牌接机；③ 由专车送至贵宾厅与接机人员会合；④ 行李提取；⑤ 送至贵宾停车场。

三、登机口服务员

登机口服务员负责提示、引导、帮助旅客登机。

"前往 ×× 的旅客请注意：您乘坐的 ×××× 航班现在开始登机。请带好您的随身物品，出示登机牌，由 ×× 号登机口上飞机。祝您旅途愉快！"登机口服务员每天都按照流程为旅客提供引导、咨询、扶助、登机等服务，用微笑和真诚为旅客做好服务。

然而他们不只是发布登机提示、扫描登机牌，他们需要核对人数，与机组准确交接。安抚旅客、安排食宿、帮助签转、应对补班高峰等工作。遇到航班延误时，他们需要负责做好碰上风雨、雷电、大雾、暴雪，他们的工作时间就是无限延长、延长、延长……

在航班延误时，旅客对延误原因不理解，同样的天气，有的航空公司能飞，自己的航班却不能飞，这可能是机型不同的原因，或是有飞行员资质的原因，或是始发地和目的地天气都很好，因航路上有雷雨所造成的不能飞行，等等。

四、特殊旅客服务人员

特殊旅客服务人员是在机场航站楼旅客服务中心为航站楼内老、幼、病、残、孕等特殊群体旅客服务，方便特殊群体旅客出行，解决特殊群体旅客困难的工作人员。

特殊旅客包括以下十种旅客：

（1）重要旅客；

（2）婴儿和儿童；

（3）孕妇；

（4）残障旅客；

（5）生病旅客；

（6）老年旅客；

（7）超胖旅客；

（8）犯罪嫌疑人及对其押解者；

（9）被驱逐出境者；

（10）无签证过境旅客。

五、行李查询员

行李查询员的职责，负责旅客到达行李的提取、查询。如图 9.10 所示。

1）遇到到达行李延误后，旅客应对的办法

旅客持行李牌小票、登机牌、证件在航空公司柜台申报，申报后会有一张回执。

部分行李当场能查询到新的行李抵达信息，待行李收到后会联系旅客发送快递或航空转运到旅客目的地城市。

无信息的行李会进入查询流程，每天有工作人员与旅客联系，告知进展。工作人员会发送详细的行李信息表给旅客填写，便于深度追踪。

行李查询到一定时间，若依然无果，进入行李索赔流程：根据旅客申报丢失的行李重量或件数，加以相关材料证明，由航空公司评估，与旅客洽谈决定最终赔偿金额。一般每个不正常行李事故处理有效期为期 2 年，过期属于旅客自动放弃。

图 9.10 行李查询员

2）行李发生破损的解决办法

发现行李破损，旅客凭行李牌小票、登机牌、证件在航空公司柜台申报领取回执。航空公司的工作人员会根据行李的破损程度，与旅客洽谈，提供现金赔偿或箱包维修服务。若旅客购买保险，可凭回执向保险公司索赔。

六、机场安检

机场安检是保证航班正常运行，维护旅客安全的必要环节，也是民航空防安全保卫工作的重要组成部分。

图 9.11　机场安检漫画

安检基本上分为四个级别，按照由普通到严格的顺序分别对应一到四级。

（1）一级安检是我们平常经历的，包括检查护照、金属物品等系列常规检查。

（2）二级安检一般在奥运、世博等大型活动期间进行。二级安检相对于一级安检来说增加了一个开包环节，并且脱鞋、解腰带的抽查率不低于 30%。同时在安检口和登机口会增派安检人员。

（3）三级安检是在二级安检基础上在登机口增加 10% 左右的抽查。

（4）四级安检是最高级别的安检，100% 的开包率，脱鞋、解腰带也是每个人都检查的环节。在登机口 100% 重新检查一遍。空中也增加安检人员。

1. 机场安检的流程

（1）针对人身安检的基本流程为：把外衣（如果影响人身安检）单独放在安检托盘里，把身上的金属制品（钥匙、手表、手机）放在安检托盘里；人过金属安检门；如果报警，安检人员使用手持金属探测器进行人工复查。

（2）针对随身行李安检的基本流程：大部分机场要求取出包里的电脑（如果有），单独放在安检托盘里，过 X 射线安检仪；取出液体单独封袋（如果有），接受开瓶检查。国内机场禁止随身携带液态物品，少量旅行自用的化妆品，容器容积不得超过 100 毫升。随身手提行李过 X 射线安检仪；如果有嫌疑，则安检人员将行李重新过 X 光机，或者手工开箱检查；发现可疑物，进行专业处置。

（3）针对托运行李安检的基本流程：旅客在值机口交运托运行李；托运行李安检

分为前端安检和远端安检两种方式，目前大型机场都采用远端安检的方式，比如，北京首都国际机场 T3 采用 5 道安检程序；如果托运行李有问题，则需要在旅客登机前和旅客取得联系。我国规定开箱检查必须在旅客到场的情况下进行。

图 9.12　机场安检区

2. 机场安检的注意事项

（1）查验登机牌的注意事项：逐一检查登机牌；查验登机牌上的验讫章；检查完登机牌后对折交还给旅客。

（2）提醒旅客做的事情：提醒旅客取出兜里的金属物品；提醒旅客取出随身行李中的电脑、充电宝、雨伞；着装多或穿着厚重的外套时，提醒旅客把外套脱下来。

（3）协助旅客在 X 光机上正确摆放行李物品的注意事项：遇到贵重物品及易碎物品时（如工艺品、古董）一定要轻拿轻放，并且要提醒开包检查员和 X 光机操作员，注意规范检查；浅色的包或不能封口的包都尽量放在置物篮内通过 X 光机检查，避免把包弄脏或物品散漏出来；把较轻的物品放在置物篮的下面，把较重的物品放在上面，避免铅帘门把物品掀出来；把包尽量平放在 X 光机上，以方便 X 光机操作员判别图像。

3. 机场手工安检

1）纯手工检查方法

采用纯手工检查方法进行手工人身检查时，应当在手不离开旅客衣物或身体的情况下，顺着旅客身体的自然姿态、双手配合，以适合的力度通过按、摸、压等方法，感觉出旅客身体或衣物内不相贴合、不自然的物品，检出民航禁限运输物品。

2）基本程序

由里到外、由前到后、由上到下。

3）十大重点部位

头部、肩胛、手腕及手部、腋下、胸部、腹部、腰部、臀部、裆部、脚及脚踝。

4）重点检查对象

机场安检的重点检查对象有以下十一种：

（1）精神恐慌、言行可疑、伪装镇静者；

（2）冒充熟人、假献殷勤、接受检查过于热情者；

（3）表现不耐烦、催促检查或者言行蛮横、不愿接受检查者；

（4）窥视检查现场、探听安全检查情况等行为异常者；

（5）本次航班已开始登机、匆忙赶到安检现场者；

（6）公安部门、安全检查站掌握的嫌疑人和群众提供的有可疑言行的旅客；

（7）上级或有关部门通报的来自恐怖活动频繁的国家和地区的人员；

（8）着装与其身份不相符或不合时令者；

（9）男性青、壮年旅客；

（10）根据空防安全形势需要有必要采取特别安全措施的旅客；

（11）有国家保卫对象乘坐的航班的其他旅客。

4. 机场安检人员的基本要求

民航安全检查员指对乘坐民用航空器的旅客及其行李、进入机场控制区的其他人员及其物品，以及空运货物、邮件实施安全检查的人员。其基本要求如下：

（1）具有较强的表达能力和观察、分析、判断能力；

（2）良好的空间感、形体知觉、嗅觉；

（3）手指、手臂灵活，动作协调；

（4）无残疾，无重听，无口吃，无色盲、色弱，矫正视力在 5.0 以上；

（5）男性身高在 1.65 米以上，女性身高在 1.60 米以上；

（6）无犯罪和不良记录。

5. 机场安检人员岗位素质要求

机场安检人员思想政治素质的要求为：① 热爱祖国，热爱民航，忠诚企业，树立社会主义核心价值观；② 拥护宪法，有民主法治观念和公民意识，遵纪守法，有良好的思想品德、社会公德；③ 有浓厚的职业兴趣和较强的事业心，愿意献身航空安检事业，有良好的服务意识和职业态度；④ 有较强的组织纪律性，服从指挥、忠于职守，确保民航运输安全；⑤ 把个人的人生观、价值观、幸福观与民航安检事业统一起来，树立正确的职业理想和人生观，立志为空防安全而奋斗。

安检人员要树立全心全意为旅客服务的思想，要做到检查规范，文明礼貌；要着装整洁，仪表端庄，举止大方，说话和气，语言文明，"请"字当头，"谢"字结尾；要尊重不同地区、不同民族的风俗习惯，同时，要在确保安全、不影响正常工作的前提条件下，尽量为旅客排忧解难；对伤、残、病旅客应予以优先照顾，不能伤害旅客的自尊心，对孕妇、幼童、老年旅客要尽量提供方便，给予照顾。

【思考与练习】

1.航空人员的概念和分类是什么？

2.空中乘务人员的职责和基本素质要求是什么？

3.地面服务人员的基本职责和素质要求是什么？

第十章 国际民航业发展与国际空运

【学习目标】
1. 了解国际民航相关组织及其构成。
2. 了解国际知名航空公司和机场。

第一节 与民航业密切相关的国际组织

【知识导航】

国际民用航空组织（ICAO）是协调世界各国政府在民用航空领域内各种经济和法律事务、制定航空技术国际标准的重要组织。

国际航空运输协会（IATA）：是全世界航空运输企业自愿联合组织的非政府性的国际组织。

一、国际民用航空组织

国际民用航空组织（International Civil Aviation Organization，ICAO）是由各国政府参加组成的国际航空运输机构。1944 年在芝加哥有 52 个国家参加的国际民航会议上，签订了《国际民用航空公约》，之后设立国际民航组织。国际民航组织标志，如图 10.1 所示。

国际民航组织的日常办事机构有航空技术局、航空运输局、法律局、技术援助局、行政服务局和对外关系办公室，这些机构统一在秘书长领导下工作。

国际民航组织的总部设在加拿大的蒙特利尔。

国际民航组织的地区办事处有西非和中非区（达喀尔）、欧洲区（巴黎）、亚洲太平洋区（曼谷）、中东区（开罗）、东非和南非区（内罗毕）、北美、

图 10.1 国际民用航空组织标志

中美和加勒比区（墨西哥城）以及南美区（利马）。

国际民用航空组织的主要活动有：① 修订现行国际民航法规条款并制订新的法律文书；② 制订并刷新关于航行的国际技术标准和建议措施；③ 制止非法干扰，即我国通称的安全保卫或空防安全；④ 向各国人员提供民航各专业领域的在职培训和国外训练等。

二、国际航空运输协会

国际航空运输协会（International Air Transport Association，IATA），简称国际航协，是一个由世界各国航空公司所组成的大型国际组织。它是世界航空运输企业自愿组成的非政府组织，总部设在加拿大的蒙特利尔，执行机构设在日内瓦。

图 10.2　国际航空运输协会标志

IATA 的基本职能包括以下七个方面：
（1）协议实施分段联运空运，使一票通行全世界；
（2）协议制定客货运价，防止彼此恶性竞争、垄断；
（3）协议制定运输规则与条件；
（4）协议制定运费之清算办法；
（5）协议制定旅行社规则；
（6）协议制定航班时刻表；
（7）协议建立各项业务的作业程序。

国际航空运输协会于 1945 年 4 月在古巴哈瓦那成立。

国际航空运输协会地区办公室设于阿曼、圣地亚哥、新加坡和哥伦比亚。

国际航空运输协会因为与国际民航组织以及其他国际组织进行密切协调与通力合作，且是设有定期航线的航空公司的国际联营组织，所以，全世界各航空公司透过该协会与其他航空公司相互连接，形成一个世界性的强大运输网。

三、国际货运代理协会联合会

图 10.3　国际货运代理协会联合会标识

国际货运代理协会联合会（FIATA）是一个非营利性国际货运代理的行业组织。该联合会于 1926 年 5 月 31 日在奥地利维也纳成立，总部设在瑞士苏黎世，并分别在欧洲、美洲、亚太、非洲和中东五个区域设立了区域委员会，任命有地区主席。FIATA 设立的目的是代表、保障和提高国际货运代理在全球的利益。该联合会是目前在世界范围内运输领域最大的非政府和非营利性组织，具有广泛的国际影响。国际货运代理协会联合会标识如图 10.3 所示。

该联合会的宗旨是保障和提高国际货运代理在全球的利益，工作目标是团结全世界的货运代理行业；以顾问或专家身份参加国际性组织，处理运输业务，代表、促进和保护运输业的利益；通过发布信息、分发出版物等方式，使贸易界、工业界和公众熟悉货运代理人提供的服务；提高制定和推广统一货运代理单据、标准交易条件，改进和提高货运代理的服务质量，协助货运代理人进行职业培训，处理责任保险问题，提供电子商务工具。

四、国际航空运动联合会

国际航空运动联合会，简称国际航联，于 1905 年在法国成立，总部设在巴黎，现有 50 个会员协会，正式工作语言为英语、法语、西班牙语和俄语。国际航联的宗旨是：促进航空和宇宙航空运动在全世界的发展，使其成为一种不分政治信仰和种族而使人们团结起来的强有力的工具；制定航空和宇宙航空比赛的规则；汇集、分析和传播有助于改进飞机设备、飞行安全的情报等。国际航空运动联合会标识如图 10.4 所示。

图 10.4　国际航空运动联合会标识

国际航联定期举办特技飞行、滑翔、跳伞、热气球、航空模型等多项世界锦标赛。中国航空运动协会是代表我国参加国际航联及相应活动的唯一合法组织，负责策划、组织、协调我国境内举行的国际、国内航空赛事及表演活动。

五、国际航空电信协会

国际航空电信协会（SITA) 是联合国民航组织认可的一个非营利性的组织，是世界领先的航空运输业电信和信息技术解决方案的集成供应商。主要职责是带动全球航空业使用信息技术的能力，并提高全球航空公司的竞争能力，不仅为航空公司提供网络通信服务，还可为其提供共享系统，如机场系统、行李查询系统、货运系统、国际票价系统等。国际航空电信协会标志如图 10.5 所示。

图 10.5　国际航空电信协会标志

第二节　国际航空区划

【知识导航】

与其他各种运输方式不同，国际航空货物运输中的有关各项规章制度都是由国际航协统一协调、制定的。在充分考虑了世界上各个不同国家、地区的社会经济、贸易发展水平后，国际航协将全球分成三个区域，简称航协区 (IATA Traffic Conference Areas)，每个航协区内又分成几个亚区。

为了便于航空运输规则和运价公布，国际航协（IATA）将世界划分为三个航空运输业务区，如图 10.6 所示。

图 10.7　IATA 分区

一、IATA 一区

IATA 一区包括北美洲、南美洲、中美洲和加勒比地区。如图 10.7 所示。

图 10.7　IATA 一区

IATA 一区航空运输总体概况如下所述。

1. 北美区

北美是世界航空运输最发达的地区之一。其中，全美国就有 5000 多个公用机场，每年运输接近全世界运输量一半的旅客。

2. 拉丁美洲及加勒比地区

按照 ICAO 对统计区域的划分，该地区包括美国以南的美洲陆地和加勒比海的岛屿。拉美的一些国家，虽然经济上不是十分发达，但由于其地理位置的特别，航空运输是其主要的交通工具。如南美洲，地处安第斯山脉与亚马逊河流域，主要交通工具是水路与航空。南美洲的一些内陆国家，类似玻利维亚等国，四面不临海，国际运输必须通过智利、巴拉圭或阿根廷等国，国际交通运输方面非常受限。

二、IATA 二区

IATA 二区的欧洲、非洲、中东地区在政治、经济、种族、宗教、发展历史等方面有着较大的差异，在航空运输的发展水平上也很不平衡。

IATA 二区的范围由整个欧洲大陆（包括俄罗斯的欧洲部分）及毗邻岛屿，冰岛、亚速尔群岛，非洲大陆和毗邻岛屿，亚洲的伊朗及伊朗以西地区组成。本区也是和我们所熟知的政治地理区划差异最多的一个区。如图 10.8 所示。

图 10.8　IATA 二区

IATA 二区航空运输总体概况如下所述。

1. 欧洲区

欧洲是世界资本主义的发源地，也是近代科学技术的主要发源地。几个世纪以来，欧洲对世界的影响巨大，至今仍是资本主义的政治、经济中心。欧盟的建立使其 24 个成员国的经济一体化发展

2. 中东区（Middle East）

中东地区空运发展具有如下特征：

（1）空运规模较小，市场份额低，但地位较重要；

（2）人均 GDP 水平高，资金雄厚，但受战争和政治影响明显；

（3）空运业发展的波动大。

3. 非洲区

非洲地域辽阔，物产丰富，人口较多。在 ICAO 的 6 个地区中，其面积和人口仅次于亚太地区，居第二位。非洲在殖民时期留下的铁路系统较为发达，但不能适应非洲现有的经济网络，急需投资改造。

三、IATA 三区

IATA 三区如图 10.9 所示。

图 10.9　IATA 三区

IATA 又把三区细分为以下三个部分：

（1）南亚次大陆（South Asian Subcontinent，SASC），包括阿富汗、孟加拉、不丹、

印度、马尔代夫、尼泊尔、巴基斯坦、斯里兰卡。

（2）东南亚次区（South East Asia Sub-area，SEA），包括文莱、柬埔寨、中国（不包括香港、澳门、台湾地区）、圣诞岛、澳属科科斯群岛、关岛、中国香港特别行政区、印度尼西亚、哈萨克斯坦、吉尔吉斯斯坦、老挝、中国澳门特别行政区、马来西亚、马绍尔群岛、密克罗尼西亚、蒙古、缅甸、北马里亚纳群岛、帕劳、菲律宾、俄罗斯（乌拉尔山以东）、新加坡、中国台湾省、塔吉克斯坦、泰国、土库曼斯坦、乌兹别克斯坦、越南。

（3）西南太平洋次区（South West Pacific Sub-area，SWP），包括美属萨摩亚、澳大利亚、库克群岛、斐济、法属波利尼西亚、基里巴斯、瑙鲁、新喀里多尼亚、新西兰、纽埃、巴布亚新几内亚、萨摩亚、所罗门群岛、汤加、图瓦卢、瓦努阿图、瓦利斯和富图纳群岛以及中间的所有岛屿。

（4）日本、朝鲜和朝鲜为单独的一个次区。

IATA 三区航空运输总体概况如下所述。

亚洲和太平洋地区是六大区中面积最大、人口最多的地区。地区内的中国、日本、澳大利亚、韩国、新加坡等为经济相对发达的空运大国。亚太地区是未来经济发展的重要地区，其航空运输具有很大的发展潜力。

亚太地区空运业的发展具有如下显著特征：

（1）空运业已初具规模，亚太、北美、欧洲三足鼎立之势已基本形成；

（2）国际空运总量发展迅速，目前已超过北美，与欧洲相差无几；

（3）地区经济与空运发展增长迅猛，在世界空运市场中的份额不断增大。

国际上最重要的两大航空组织分别是国际民用航空组织 ICAO 和国际航空运输协会（IATA）。国际航空运输协会为了管理与制定票价方便，将全球分为三大区域，这样分出的区域叫 Traffic Conference Area，简称 TC。

第三节　国际知名航空公司

【知识导航】

美国航空公司（American Airlines，常被译为美利坚航空公司）是总部位于美国的一家航空公司。美国航空是寰宇一家航空联盟的创始成员之一。

法国航空公司（Air France）创立于 1933 年，是世界上航空公司的先驱者之一，总部位于巴黎夏尔·戴高乐国际机场。

英国航空公司（British Airways）又称不列颠航空，简称英航，总部设在英国伦敦希思罗机场，以伦敦希思罗机场作为枢纽基地。

汉莎航空公司（Deutsche Lufthansa）是德国最大的国际航空公司。汉莎航空已发展成为全球航空业领导者和成功的航空集团。

澳洲航空公司（Qantas Airways）于 1920 年在澳大利亚昆士兰省创立，是全球历史最悠久的航空公司之一。

全日空航空公司（All Nippon Airways Co.,Ltd），简称全日空，全日本空输 (ANA) 是一家日本的航空公司。

大韩航空公司（Korean Air Lines Co., Ltd.），简称大韩航空，是韩国最大的航空公司，同时也是亚洲最具规模的航空公司之一，属于天合联盟的成员之一。

一、美国航空公司

英文名：American Airlines

代码：AA

总部：得克萨斯州沃斯堡

运营基地：达拉斯 – 沃斯堡国际机场、芝加哥奥黑尔国际机场、迈阿密国际机场

图 10.10　美国航空公司标志

美国航空公司主要经营国际定期和不定期航空客、货、邮和行李运输。美国航空公司标志如图。

美国航空公司作为寰宇一家的创始成员之一，是世界上最大的航空公司。美国航空公司遍布 260 余个通航城市，包括美国本土 150 个城市及 40 个国家的城市。

美国航空公司致力于提供卓越的全球飞行体验，共飞往 50 多个国家和地区的 260 多个城市。美国航空公司的机队由近 900 架飞机组成，每日从芝加哥、达拉斯、沃斯堡、洛杉矶、迈阿密和纽约六大枢纽起飞的航班数量超过 3500 个班次。

美国航空公司的航线遍布美国本土 150 个城市及 40 个国家，并且拥有最多最全的南美航线。其优点是公司大，航线多，主要城市间都有直飞，并且飞机上的设施以及服务非常好；国际航线受到好评，提前预订的话可以订到很便宜的机票。缺点就是航班也经常延误或者无故取消，

美国航空公司使用的飞机如图 10.11 所示。

图 10.11　美国航空公司使用的飞机

二、法国航空公司

英文名：Air France

代码：AF

总部：巴黎夏尔·戴高乐国际机场

运营基地：巴黎戴高乐国际机场、巴黎奥利国际机场

法国航空公司主要经营国际定期、不定期航空客、货、邮和行李运输。法国航空公司标志如图 10.12 所示。

法国航空公司（是法国航空 – 荷兰皇家航空公司集团旗下公司），简称法航，是一家法国的航空公司，同时也是法国国营航空公司。该公司成立于 1933 年，在 2004 年 5 月收购荷兰皇家航空公司，并因此组成了法国航空 – 荷兰皇家航空集团。

图 10.12 法国航空公司标志

法国航空 – 荷兰皇家航空集团是世界上最大的航空公司之一。法国航空公司是天合联盟的创始成员之一。

法国航空公司使用的飞机如图 10.13 所示。

图 10.13 法国航空公司使用的飞机

法航机队的平均机龄为 9.3 年，是欧洲最现代化的航空公司之一。使用在中程航线上的飞机为：空客 A318 型客机、空客 A319 型客机、空客 A320 型客机及空客 A321 型客机。使用在长程航线上的飞机为：空客 A330–200 型客机、空客 A340–300 型客机、空客 A380–800 型客机、波音 747–400 型客机、波音 777–200ER 延程型客机及波音 777–300ER 延程型客机。

法国航空公司共有 59485 名员工，其中 19257 名为空勤人员，40228 名地勤人员主要从事营运、商务及飞机维修等业务。

三、英国航空公司

英文名：British Airways

代码：BA

总部：伦敦

运营基地：伦敦希思罗机场特维克机场

英国航空公司主要经营国际定期、不定期航空客、货、邮和行李运输。英国航空公司标志如图 10.14 所示。

图 10.14　英国航空公司标志

英国航空公司又称不列颠航空，简称英航，总部设在英国伦敦希思罗机场，以伦敦希思罗机场作为枢纽基地。英国航空公司成立于 1924 年 3 月 31 日，是英国历史最悠久的航空公司。英国航空公司是全球最大的国际航空客运航空公司之一，也是全球七大货运航空公司之一。英航是"寰宇一家"航空联盟的创始成员之一。全球航班网络覆盖 75 个国家的 150 多个目的地。它是全球最大的国际航空公司之一，每年运输约 3600 万名旅客。英国航空公司自 1980 年起为我国提供服务。英国航空公司专属的伦敦希思罗机场第五航站楼于 2008 年 3 月 27 日投入服务。航站楼每年可以吞吐3000 万名旅客。

英国航空公司使用的飞机如图 10.15 所示。

图 10.15　英国航空公司使用的飞机

英国航空公司作为世界上引导航空业潮流的企业之一，一直在倡导"二十一世纪航空旅行"的理念。"二十一世纪航空旅行"就是以客户为中心：考虑到每一位旅客的需求，给每一位旅客更多的选择机会，从开始预订机票、机场运行位置到飞机上的环境都致力于给旅客带来更好的体验，更舒适的飞行。

英国航空公司机尾的标志涂装是由英国国旗部分构成，英国人以此为自豪。但是于1997 年年底，英国航空陆续更换部分机身标志，机尾的标志从英国米字旗改成了世界各国的民族图案，每架班机的机尾图案都不相同（由航线目的地而定）。

四、德国汉莎航空公司

英文名：Deutsche Lufthansa

代码：LH

总部：德国科隆

运营基地：法兰克福机场

德国汉莎航空公司主要经营国际定期、不定期航空客、货、邮和行李运输。德国汉莎航空公司标志如图 10.16 所示。

德国汉莎航空公司，简称汉莎航空、德航，是德国的国家航空公司。按照载客量和机队规模计算，德航为欧洲最大的航空公司；按照旅客载运量计算，德航为世界第四大航空公司。

图 10.16　德国汉莎航空公司标志

汉莎航空其德文原意是指"空中的汉莎"，德国汉莎航空的客运和货运服务的经营中心位于法兰克福。汉莎航空是德国最大的航空公司，也是德国的国家航空公司（Flag Carrier）。

德国汉莎航空公司使用的飞机如图 10.17 所示。

图 10.17　德国汉莎航空公司使用的飞机

汉莎航空拥有六个战略服务领域，包括客运、地勤、飞机维修［飞机维护、修理和大修（MRO）］、航空餐食、旅游和 IT 服务。在全球拥有海外子公司及附属机构，航线遍及全球六大洲。汉莎航班服务全球 190 余个目的地，其中包括亚太地区 20 多个门户城市。

德国汉莎航空同时也是世界上最大的航空公司星空联盟的创始航空公司之一。多年以来，汉莎航空在国际货运业务方面一直独占鳌头。

五、澳洲航空公司

英文名：Qantas Airways

代码：QF

总部：澳大利亚新南威尔士州悉尼

图 10.18　澳洲航空公司标志

运营基地：金斯福机场、墨尔本国际机场、布里斯班国际机场

澳洲航空公司主要经营国际定期、不定期航空客、货、邮和行李运输。澳洲航空公司标志如图 10.18 所示。

澳洲航空公司于 1920 年在澳大利亚昆士兰州创立，是全球历史最悠久的航空公司之一。澳洲航空公司是澳大利亚第一大航空公司，是澳大利亚国家航空公司，其母公司为澳洲航空集团。澳洲航空的袋鼠标志，象征着可靠、安全、先进技术及优质服务。澳洲航空是 1999 年成立的寰宇一家（One World）国际性航空公司联盟的创始成员。

澳洲航空公司航线网络覆盖大洋洲，延伸至东南亚、东亚及印度、英国、德国、美国、加拿大、南非等地。澳洲航空公司的枢纽是悉尼机场和墨尔本机场，澳洲航空运营的国际航班将航线连接到布里斯班、佩斯、新加坡樟宜国际机场、洛杉矶国际机场和伦敦希思罗机场。澳洲航空公司的国内枢纽是悉尼、墨尔本、珀斯、布里斯班的机场，以及重点城市如阿德莱德、凯恩斯和堪培拉的机场。

澳洲航空公司使用的飞机如图 10.19 所示。

图 10.19　澳洲航空公司使用的飞机

六、全日空航空公司

英文名：All Nippon Airways Co.,Ltd
代码：NH
总部：日本东京
运营基地：成田国际机场、羽田国际机场

全日空航空公司（ANA），简称全日空，是一家日本的航空公司。全日空是亚洲最大的航空公司之一，是星空联盟成员之一。截至 2007 年 3 月，全日空共有 22170 名雇员。1999 年 10 月，全日空正式加入星空联盟。全日空是世界 500 强之一，也是一家 5 星级的航空公司。全日空航空公司标志如图 10.20 所示。

图 10.20　全日空航空公司标志

全日空主要业务包括定期航空运输业务，非定期航空运输业务，采购、销售、出租和保养飞机及飞机零件业务，航空运输地面支援业务。全日空在日本主要城市之间拥有

全面航线网络,其国际航线延伸到亚洲、北美、欧洲等地。

全日空航空公司使用的飞机如图 10.21 所示。

图 10.21　全日空航空公司使用的飞机

七、韩国大韩航空公司

英文名:Korean Air Lines Co., Ltd.

代码:KE

总部:韩国首尔

运营基地:仁川国际机场、金浦国际机场

KOREAN AIR

图 10.22　韩国大韩航空
公司标志

大韩航空成立于 1969 年,是全球 20 家规模最大的航空
公司之一,2017 年运送旅客数量超过 2600 万。大韩航空目前拥有 172 架飞机与 2 万多
位专业员工,每天飞行 460 多个航班,穿梭于 6 大洲 43 个国家的 123 个城市之间。大
韩航空以仁川机场 T2 号航站楼为运营基地,提供以航空客运、货运、餐饮及机上销售
为核心的全方位服务。国内线枢纽机场是金浦国际机场,国际线枢纽机场是仁川国际机
场。大韩航空公司标志如图 10.22 所示。

大韩航空是全球 20 家规模最大的航空公司之一,每天飞行近 400 个客运航班,穿
梭于 40 个国家的 126 个城市之间。截至 2019 年 6 月底,大韩航空拥有 169 架飞机,运
营飞往 44 个国家 / 地区 126 个城市(其中包括韩国 13 个城市)的定期航班。大韩航空
还是环球航空联盟——天合联盟的创立成员之一。

图 10.23　大韩航空使用的飞机

第四节　国际知名机场

【知识导航】

北京首都国际机场，简称首都机场，是我国的主要国际机场，也是我国地理位置最重要、规模最大、设备最齐全、运输生产最繁忙的大型国际航空港。

希思罗国际机场，是英国首都伦敦的主要机场、世界主要航空枢纽，是世界著名的民用机场之一，同时也是全世界最大的机场之一。

夏尔·戴高乐机场，是欧洲主要的航空中心，也是法国主要的国际机场。它是以法国将军、前总统夏尔·戴高乐的名字命名的。

法兰克福国际机场，位于德国美因河畔法兰克福。按客流标准统计，法兰克福机场为欧洲第二、全球第七大机场。

洛杉矶国际机场，是加州最繁忙的客运机场，在美国是第三大机场，在世界上是第五大机场。

约翰内斯堡国际机场，是世界著名的民用机场、主要航空枢纽，位于南非最大城市约翰内斯堡市，是全非洲最繁忙的机场之一。

成田国际机场位于日本关东地区千叶县成田市，是日本最大的国际航空港。成田机场是日本航空、全日空、美国联合航空公司、美国西北航空公司的亚洲枢纽港。

仁川国际机场是大韩航空及韩亚航空的主要枢纽。仁川国际机场是国际客运及货运的航空枢纽，是亚洲第六大最繁忙的国际机场。

一、北京首都国际机场

北京首都国际机场（Beijing Capital Internationgal Airport，IATA 机场代码：PEK），简称首都机场，位于我国北京市顺义区，是我国最繁忙的国际空港。北京首都国际机场是我国的空中门户和对外交流的重要窗口之一。

北京首都国际机场建成于 1958 年，截至 2017 年 7 月，北京首都国际机场拥有三座航站楼，面积共计 141 万平方米；有两条 4E 级跑道、一条 4F 级跑道；机位共 314 个；共开通国内外航线 252 条。从 1978 年至 2014 年，北京首都国际机场年旅客吞吐量由 103 万人次增长到 8612.83 万人次，位居亚洲第 1 位、全球第 2 位。

北京首都国际机场如图 10.24 所示。

图 10.24　北京首都国际机场

二、希思罗国际机场

伦敦希思罗国际机场（London Heathrow International Airport，IATA 机场代码：LHR），通常简称为希思罗机场，位于英国英格兰大伦敦希灵登区，离伦敦中心 24（15 英里）。

伦敦希思罗国际机场为英国航空和维珍航空的枢纽机场，以及英伦航空的主要机场，也是全英国乃至全世界最繁忙的机场之一，在全球众多机场中排行第三，仅次于亚特兰大哈兹菲尔德－杰克逊国际机场和北京首都国际机场。由于机场有众多的跨境航班，所以以跨境的客流量计算，希思罗机场的客流量是最高的。

伦敦希斯罗国际机场如图 10.25 所以。

图 10.25　伦敦希思罗国际机场

三、夏尔·戴高乐国际机场

夏尔·戴高乐国际机场（Aéroport international Charles de Gaulle，IATA 机场代码：CDG）也被称为鲁瓦西机场（Roissy）。此机场坐落于巴黎，是欧洲主要的航空中心，也是法国主要的国际机场。它是以法国将军、前总统夏尔·戴高乐（1890—1970 年）的名字命名的。它位于巴黎东北 25 千米处的鲁瓦西。

夏尔·戴高乐国际机场是欧洲第二大中转平台，仅次于伦敦的希斯罗机场，是世界重要的机场之一。按提供的停机位数量计算，夏尔·戴高乐国际机场以 235 个停机位在世界上排名第三；按提供的登机口数量计算，夏尔·戴高乐国际机场以 210 个登机口在世界上排名第一。

夏尔·戴高乐国际机场如图 10.26 所示。

图 10.26　夏尔·戴高乐国际机场

四、法兰克福国际机场

法兰克福国际机场（Frankfurt International Airport，IATA 机场代码：FRA）位于德国美因河畔法兰克福，是全球各国际航班重要的集散中心。法兰克福国际机场是欧洲最重要的客运航空枢纽，也是欧洲境内货运航班量排行第二的集散点。法兰克福国际机场比伦敦的希斯罗国际机场提供更多的飞行目的地，但按旅客流量来算，法兰克福国际机场在欧洲位列第三位，排在伦敦的希斯罗国际机场和巴黎的夏尔·戴高乐国际机场之后。

法兰克福国际机场的起降量位列欧洲第二，排名在夏尔·戴高乐国际机场和伦敦希斯罗国际机场之间。

法兰克福国际机场如图 10.27 所示。

图 10.27　法兰克福国际机场

五、洛杉矶国际机场

洛杉矶国际机场建于 1948 年，位于美国洛杉矶市，是加利福尼亚州洛杉矶市的主要机场。当地人一般皆以洛杉矶国际机场的代码 "LAX" 来称呼该机场。洛杉矶国际机场自 1948 年投入商用航班营运以来，一直是洛杉矶地区的主要机场。洛杉矶国际机场是加州最繁忙的客运机场，也是美国第三大机场、世界第五大机场。2017 年的旅客量为 8456 万人次。

往来洛杉矶国际机场的航班遍及北美洲、拉丁美洲、欧洲、亚洲、和大洋洲，连接 87 个美国国内机场与 69 个外国机场。在该机场，最主要的航空公司为联合航空［占 19.57% 的旅客流量，包含联合快捷（United Express）］，其次为美国航空（American Airlines）（15%）和西南航空（Southwest Airlines）（12.7%）。同时，洛杉矶国际机场也是阿拉斯加 航空（Alaska Airlines）和达美航空（Delta Air Lines）国际与国内航线的主要航点。

洛杉矶国际机场如图 10.28 所示。

图 10.28　洛杉矶国际机场

六、约翰内斯堡国际机场

约翰内斯堡国际机场，全称奥利弗·雷金纳德·坦博国际机场（OR Tambo International Airport，IATA 机场代码：JNB），是世界著名的民用机场、主要航空枢纽，位于南非最大城市约翰内斯堡市，每年服务约 1600 万旅客。该机场是南非航空的基地，亦是全非洲最繁忙的机场，也是全世界最繁忙的机场之一。由于机场位于高地，航机受到稀薄的大气所影响，需要较长的跑道来达到正常的起飞速度。此机场的 03L/21R 跑道长度超过 4400 米，是目前全世界最长的跑道之一。

约翰内斯堡国际机场如图 10.29 所示。

图 10.29　约翰内斯堡国际机场

七、成田机场

东京成田国际机场（Narita International Airport，IATA，机场代码：NRT），简称成田机场，旧称新东京国际机场。1978 年建立，位于日本关东地区，距东京市区 68 千米之遥的千叶县成田市，是日本最大的国际航空港。东京成田国际机场年旅客吞吐量居日本第二位（第一位羽田国际机场），货运吞吐量居日本第一、全球第三。成田国际机场是日本航空、全日空、美国联合航空公司、美国西北航空公司（已被收购，现为达美航空成员）、美国达美航空公司的亚洲枢纽港。根据日本机场分类法，成田国际机场与东京羽田国际机场、大阪国际机场、关西国际机场和中部国际机场统一划分为一类机场。

从航线网络覆盖范围来看，成田国际机场共有 150 个通航点，其中日本国内航点 19 个，国际航点数量为 131 个。成田国际机场国内航点平均日航班频次为 3.9，国际航点平均日航班频次为 1.8。

东京成田国际机场如图 10.30 所示。

图 10.30　东京成田国际机场

八、仁川国际机场

仁川国际机场（Incheon International Airport，IATA 机场代码：ICN）。

仁川国际机场是国际客运及货运的航空枢纽，是亚洲第六位最繁忙的国际机场。在瑞士日内瓦国际机场协会（ACI）2006年和2007年的调查中，仁川国际机场连续两年获得"全球服务最佳机场"第一名。仁川国际机场坐落在韩国著名的海滨度假城市仁川西部的永宗岛上，距离首尔市52千米，离仁川海岸15千米。周围又无噪声源影响，自然条件优越，绿化率30%以上，环境优美舒适，加上其整体设计、规划和工程都本着环保的宗旨，亦被誉为"绿色机场"。

仁川国际机场如图10.31所示。

图10.31　仁川国际机场

【思考与练习】

　　1.国际民航相关组织的职能和作用是什么？

　　2.国际航空区划如何划分？

　　3.知名的航空公司和机场有哪些？

参考文献

[1] 赵冰梅.民航空乘服务技巧与案例分析.北京：中国广播电视出版社，2005.

[2] 黄永宁，张晓明.民航概论.北京：旅游教育出版社，2007.

[3] 高宏.空乘服务概论.北京：旅游教育出版社，2010.

[4] 贾丽娟.客舱服务技能与训练.北京：旅游教育出版社，2012.

[5] 何佩，刘小红.客舱安全与应急处置.北京：中国民航出版社，2007.

[6] 刘星.飞行原理.北京：科学出版社，2008.

[7] 余庆华.关于民航安全检查管理体制的分析和探讨.民航管理，2007（12）.

[8] 魏全斌.民航安全检查实务.北京：北京师范大学出版社，2012.

[9] 周洪清，沈朝阳.关于我国民航安检的法律问题.中国民用航空，2002（7）.

[10] 凌晓熙.人为因素对航空安全影响的研究.中国科技信息，2007（09）.

[11] 李迪.航空运营人安全管理体系的建设与实施.中国民用航空，2009（02）.

[12] 张晶.以完整的管理体系保证航空安全.国际航空，2009（08）.

[13] 刘亚婷.航空服务质量现状及发展战略研究.上海交通大学，2007.

[14] 贾丽娟.客舱服务技能与训练.北京：旅游教育出版社，2009.

[15] 金正昆.服务礼仪教程.北京：中国人民大学出版社，2001.

[16] 王双武.特制化营销打造客舱服务持续性竞争优势.空运商务，2009.

[17] 李广春.客舱乘务员资源管理的实施途径.技术经济与管理研究，2013.

[18] 保继刚，楚义芳.旅游地理学.北京：高等教育出版社，2012.

[19] 韩卿爱，马驰.关于我国通用航空机场建设与发展的思考.空运商务，2012（9）.

[20] 熊巍.我国民用机场管理体制与运营模式改革反思.华东政法大学，2010.